Gerda Stephany / Das Honnefer Modell

AF141331

Schriften zum Öffentlichen Recht

Band 77

Das Honnefer Modell

Von

Dr. Gerda Stephany
geb. Hoffmann

DUNCKER & HUMBLOT / BERLIN

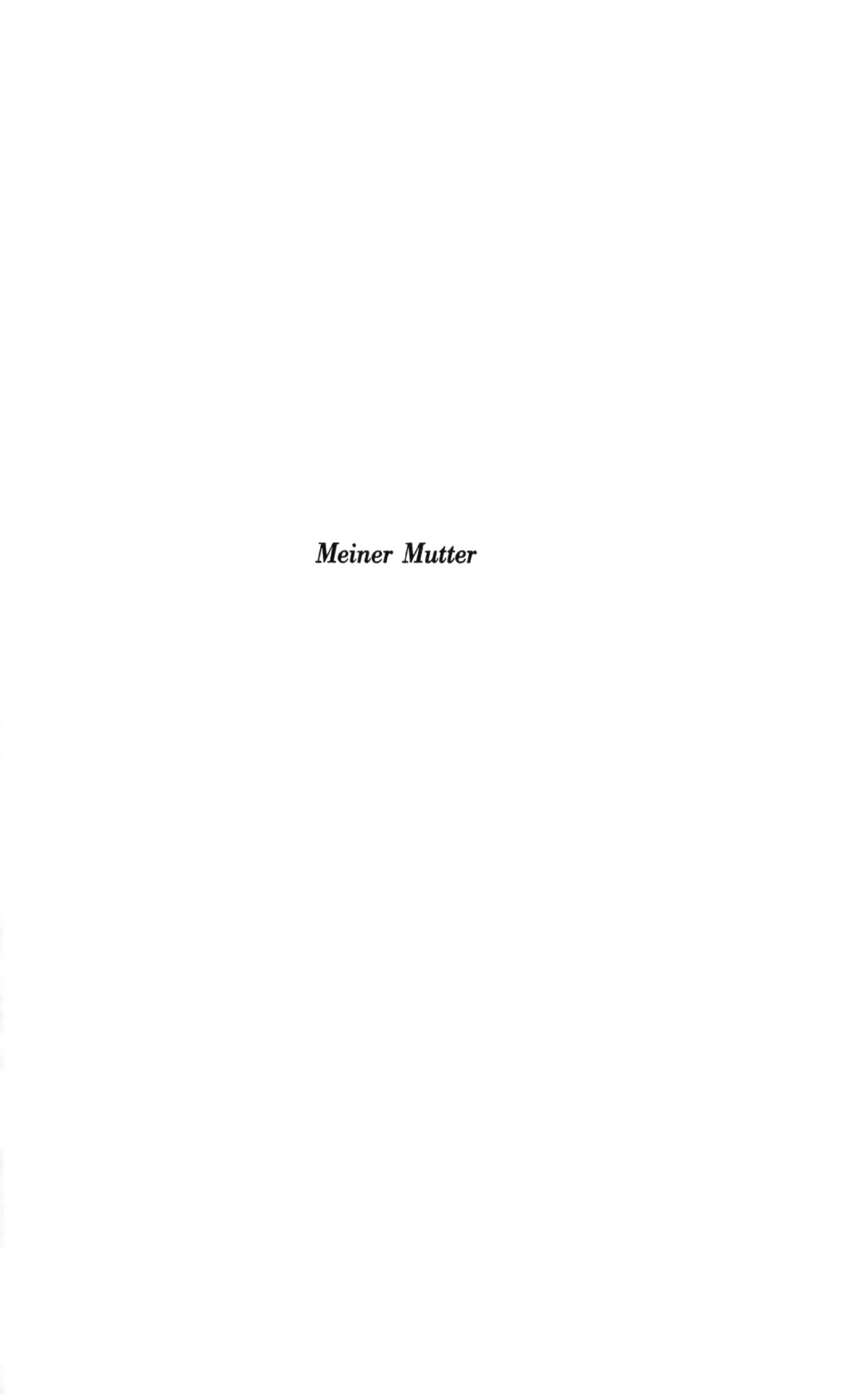

Meiner Mutter

Vorwort

Seit mehr als einem Jahrzehnt werden Studenten an den wissenschaftlichen Hochschulen der Bundesrepublik Deutschland und in Westberlin nach dem sog. „Honnefer Modell" von Bund und Ländern gefördert. Diese Zuwendung öffentlicher Mittel gab den Anstoß zu einer umfassenden Förderung der höheren Ausbildung. So unterstützen die Länder inzwischen zB auch die Studierenden an Ingenieurschulen und Einrichtungen des Zweiten Bildungsweges.

Daran läßt sich erkennen, welche soziale, wirtschaftliche und kulturpolitische Bedeutung diese öffentlichen Förderungsmaßnahmen erlangt haben. Gleichwohl sind die juristischen Probleme, die sich durch die Studentenförderung ergeben, bisher noch nicht umfassend erörtert worden. Die vorliegende Schrift stellt einen Versuch dar, zur Klärung dieser Fragen beizutragen.

Diese Schrift hat Anfang 1967 als Dissertation der rechts- und staatswissenschaftlichen Fakultät der Westfälischen-Wilhelms-Universität in Münster vorgelegen. Das einschlägige Schrifttum bis Mitte 1967 ist im wesentlichen berücksichtigt worden.

Meinem verehrten Lehrer Herrn Prof. Dr. Hans-J. *Wolff* möchte ich an dieser Stelle sehr herzlich für die Betreuung dieser Schrift danken.

Münster/Westf., im Herbst 1967

Gerda Stephany

Inhaltsübersicht

2. Teil

Rechtscharakter der Studentenförderung nach dem Honnefer Modell

1. Abschnitt

Begriff

5. Abschnitt

Rechtsstellung der Studenten

Abkürzungsverzeichnis

aaO	=	an angegebenem Ort
Abs.	=	Absatz
aM	=	anderer Meinung
Anm.	=	Anmerkung
AöR	=	Archiv des öffentlichen Rechts (Zeitschrift)
Art.	=	Artikel
Aufl.	=	Auflage
ausdr.	=	ausdrücklich
AusländerG	=	(Bundes-)Ausländergesetz v. 28. April 1965 (BGBl. I 353)
BAnz.	=	Bundesanzeiger. Hg. v. Bundesminister für Jusitz
bayABlKM	=	Amtsblatt des Bayerischen Staatsministeriums für Unterricht und Kultus
bayGVBl.	=	Bayerisches Gesetz- und Verordnungsblatt
bayRichtl	=	10. Bekanntmachung über den Vollzug des Bayerischen Begabtenförderungsgesetzes v. 24. Nov. 1966 (bayABlKM 1967, 146)
BayVBl.	=	Bayerische Verwaltungsblätter (Zeitschrift)
bayVf	=	Verfassung des Freistaates Bayern v. 2. Dez. 1946 (bayGVBl. 333)
BBauG	=	Bundesbaugesetz v. 23. Juni 1960 (BGBl. I 341; III 213—1)
BBewBed	=	Besondere Bewilligungsbedingungen für die Vergabe von Bundesmitteln zur Förderung von Studenten an den wissenschaftlichen Hochschulen in der Bundesrepublik Deutschland einschließlich des Landes Berlin v. 1. Sept. 1966 (Az. III 5—312831/1)
Bd(e)	=	Band (Bände)
BEG	=	Bundesgesetz zur Entschädigung für Opfer nationalsozialistischer Verfolgung v. 29. Juni 1956 (BGBl. I 562; III 251—1)
Beihilfe-Weisung	=	Weisung über die Ausbildungsbeihilfe idF v. 28. März 1958 (BAnz. 68,3)
BEvG	=	Bundesevakuiertengesetz v. 1953 idF v. 13. Okt. 1963 (BGBl. I 1866)
BGBl.	=	Bundesgesetzblatt
BGH	=	Bundesgerichtshof

BKGG	=	(Bundes-)Gesetz über die Gewährung von Kindergeld und Ausbildungszulage v. 14. April 1964 (BGBl. I 265); ergänzt durch Gesetz v. 5. April 1965 (BGBl. I 222); geändert durch Art. 7 des Haushaltssicherungsgesetzes v. 20. Dez. 1965 (BGBl. I 2065)
Bln	=	Berlin
blnGVBl.	=	Berliner Gesetz- und Verordnungsblatt
blnVwVerfG	=	Gesetz über das Verfahren der Berliner Verwaltung v. 2. Okt. 1958 (blnGVBl. 951)
Bre	=	Bremen
breGBl.	=	Gesetzblatt der Freien Hansestadt Bremen
breVf	=	Landesverfassung der Freien Hansestadt Bremen v. 21. Okt. 1947 (breGBl. 251)
BSG	=	Bundessozialgericht
BSHG	=	Bundessozialhilfegesetz v. 30. Juni 1961 (BGBl. I 815; III 2170—1)
BVersoG	=	(Bundes-)Gesetz über die Versorgung der Opfer des Krieges v. 1950 idF v. 27. Juni 1960 (BGBl. I 453; III 830—2)
BVersoG-VO	=	Verordnung zur Kriegsopferfürsorge v. 30. Mai 1961 (BGBl. I 653; III 830—2—2)
BVfG	=	Bundesverfassungsgericht
BVwG	=	Bundesverwaltungsgericht
bwGBl.	=	Gesetzblattt für Baden-Württemberg
bwVf	=	Verfassung des Landes Baden-Württemberg v. 11. Nov. 1953 (bwGBl. 173)
ders.	=	Derselbe
d. h.	=	das heißt
Diss. iur.	=	juristische Dissertation
Diss. wiso.	=	wirtschafts- und sozialwissenschaftliche Dissertation
DöV	=	Die öffentliche Verwaltung (Zeitschrift)
DRiZ	=	Deutsche Richterzeitung
DRZ	=	Deutsche Rechts-Zeitschrift
DUZ	=	Die Deutsche Universitätszeitung; Monatsschrift für die Universitäten und Hochschulen
DVBl.	=	Deutsches Verwaltungsblatt (Zeitschrift)
E	=	Amtliche Sammlung der Entscheidungen des davor genannten Gerichts
ESVGH	=	Amtliche Sammlung der Entscheidungen des hessischen Verwaltungsgerichtshofes in Kassel
eV	=	eingetragener Verein
EVwVerfG	=	Musterentwurf eines Verwaltungsverfahrensgesetzes mit Begründung, Köln, Bln 1964
f.	=	für
Ffm	=	Frankfurt am Main

Fschr.	=	Festschrift
Gdschr.	=	Gedächtnisschrift
GewA.	=	Gewerbearchiv (Zeitschrift)
GG	=	Grundgesetz für die Bundesrepublik Deutschland v. 23. Mai 1949 (BGBl. I 1; III 100—1)
ggfs	=	gegebenenfalls
GVG	=	Gerichtsverfassungsgesetz v. 1877 idF v. 12 Sept. 1950 (BGBl. I 513)
H.	=	Heft
Han	=	Hannover
heABl.	=	Amtsblatt des Landes Hessen
heGVBl.	=	Gesetz- und Verordnungsblatt für das Land Hessen
HeimkehrerG	=	(Bundes-)Gesetz über Hilfsmaßnahmen für Heimkehrer v. 19. Juni 1950 (BGBl. I 221; III 84—1)
HeimkehrerG-DVO	=	Verordnung zur Durchführung des Heimkehrergesetzes v. 13. Juli 1950 (BGBl. I 327; III 84—1—1)
heRichtl	=	Erlaß über die Förderung der Studenten an den wissenschaftlichen Hochschulen des Landes Hessen v. 16. Sept. 1966 (heABl. 873; *Seipp-Fritzsche*, heSchulrecht XIV D I 1)
heVf	=	Verfassung des Landes Hessen v. 1. Dez. 1946 (heGVBl. 229)
heVGH	=	Verwaltungsgerichtshof für das Land Hessen in Kassel
hg.	=	herausgegeben
HHG	=	(Bundes-)Gesetz über Hilfsmaßnahmen für Personen, die aus politischen Gründen in Gebieten außerhalb der Bundesrepublik Deutschland und Berlins (West) in Gewahrsam genommen wurden (Häftlingshilfegesetz) v. 1955 idF v. 25. Juli 1960 (BGBl. I 578)
hM	=	herrschende Meinung
Hmb	=	Hamburg
hmbGVBl.	=	Hamburgisches Gesetz- und Verordnungsblatt
hmbRichtl	=	Richtlinien für die Förderung von Studenten an der Universität Hamburg v. 23. Aug. 1966 (Mitteilungsblatt der Schulbehörde der Freien und Hansestadt Hamburg 119)
idF	=	in der Fassung
idR	=	in der Regel
iS	=	im Sinne
iVm	=	in Verbindung mit
JöR	=	Jahrbuch des öffentlichen Rechts der Gegenwart (Zeitschrift), Neue Folge
JR	=	Juristische Rundschau (Zeitschrift)

JWG	= (Bundes-)Gesetz für Jugendwohlfahrt v. 11. Aug. 1961 (BGBl. I 1206)
JZ	= Juristenzeitung
Kbl.	= Koblenz
LAG	= (Bundes-)Gesetz über den Lastenausgleich v. 14. Aug. 1952 (BGBl. I 446; III 621—1)
Lbg	= Lüneburg
LRichtl	= Die die Studienförderung betreffenden Richtlinien der Länder; Sammelbezeichnung für bay-, he-, hmb-, nds-, nw-, rhpf-, sa- und schlh-Richtl sowie für Baden-Württemberg und Berlin die dort ausdr. übernommenen BBewBed
LSG	= Landessozialgericht
Mchn	= München
MDR	= Monatsschrift für Deutsches Recht
Mstr	= Münster
NBl. KM. Schl.-H.	= Nachrichtenblatt des Kultusministeriums für das Land Schleswig-Holstein
ndsGVBl.	= Niedersächsisches Gesetz- und Verordnungsblatt
ndsMinBl.	= Niedersächsisches Ministerialblatt
ndsRichtl	= Richtlinien 1967 für die Förderung der Studenten an den wissenschaftlichen Hochschulen des Landes Niedersachsen v. 29. Aug. 1966 (ndsMinBl. 925)
ndsVwGOAG	= Niedersächsisches Ausführungsgesetz zur Verwaltungsgerichtsordnung v. 12. April 1960 (ndsGVBl. 21)
NJW	= Neue Juristische Wochenschrift
nwABlKM	= Amtsblatt des Kultusministeriums des Landes Nordrhein-Westfalen
nwGVBl.	= Gesetz- und Verordnungsblatt für das Land Nordrhein-Westfalen
nwRichtl	= Richtlinien für die Förderung der Studenten an den Universitäten und der Rheinisch-Westfälischen Technischen Hochschule Aachen des Landes Nordrhein-Westfalen v. 17. Okt. 1966 (nwABlKM 349; *Seipp-Haugg*, nwSchulrecht 47, 21)
nw-Runderl.	= Runderlaß des Arbeits- und Sozialministers von Nordrhein-Westfalen v. 20. April 1956 (*Seipp-Haugg*, nwSchulrecht 47, 51)
nwVf	= Verfassung für das Land Nordrhein-Westfalen v. 28. Juni 1950 (nwGVBl. 127)
nwVwGOAG	= Gesetz zur Ausführung der Verwaltungsgerichtsordnung v. 21. Jan. 1960 im Lande Nordrhein-Westfalen v. 26. März 1960 (nwGVBl. 47)
oa	= oben angegeben
oeBGBl.	= Österreichisches Bundesgesetzblatt
oeZöR	= Österreichische Zeitschrift für öffentliches Recht

o. J.	= ohne Angabe des Erscheinungsjahres
OVG	= Oberverwaltungsgericht
Rdnr	= Randnummer
RGBl.	= Reichsgesetzblatt
RHO	= Reichshaushaltsordnung v. 1922 idF v. 14. April 1930 (RGBl. II 693: BGBl. III 63—1)
rhpfABlKM	= Amtsblatt des Ministeriums für Unterricht und Kultus des Landes Rheinland-Pfalz
rhpfGVBl.	= Gesetz- und Verordnungsblatt für das Land Rheinland-Pfalz
rhpfOVG	= Oberverwaltungsgericht für Rheinland-Pfalz in Koblenz
rhpfRichtl	= Richtlinien für die Förderung der Studenten an der Johannes-Gutenberg-Universität in Mainz v. 25. Okt. 1965 (rhpfABlKM 418) mit Änderungen v. 7. Jan. 1966 (rhpfABlKM 44) und v. 11. Okt. 1966 (rhpfABlKM 679)
rhpfVf	= Verfassung für Rheinland-Pfalz v. 18. Mai 1947 (rhpfGVBl. 209)
RWS	= Recht und Wirtschaft der Schule (Zeitschrift)
S.	= Satz, Seite oder Siehe (am Beginn einer Anmerkung)
s.	= siehe
s.a.	= siehe auch
saABl.	= Amtsblatt des Saarlandes
saOVG	= Oberverwaltungsgericht des Saarlandes in Saarlouis
saRichtl	= Richtlinien für die Förderung der Studenten an der Universität des Saarlandes v. 24. Okt. 1966 (Amtliches Schulblatt des Saarlandes 1967, 17)
saVf	= Verfassung des Saarlandes v. 15. Dez. 1947 (saABl. 1077)
schlhGVBl.	= Gesetz- und Verordnungsblatt für Schleswig-Holstein
schlhRichtl	= Richtlinien für die Vergabe von Stipendien und Darlehen zur Förderung von Studenten an der Christan-Albrechts-Universität Kiel v. 4. Nov. 1966 (NBl. KM. Schl.-H. 347)
schlhVwGOAG	= (schleswig-holsteinisches) Ausführungsgesetz zur Verwaltungsgerichtsordnung v. 29. März 1960 schlhGVBl. 86)
SchrHS	= Schriftenreihe der Hochschule Speyer
Seipp-Fritzsche, heSchulrecht	= Paul *Seipp* — Ernst *Fritzsche,* Ergänzbare Sammlung der Vorschriften für Schule und Schulverwaltung in Hessen (zitiert nach Leitzahl und Seite)

Seipp-Haugg, nwSchulrecht	= Paul *Seipp* — Werner *Haugg,* Ergänzbare Sammlung der Vorschriften für Schule und Schulverwaltung in Nordrhein-Westfalen (zitiert nach Leitzahl und Seite)
Seipp-Kessler, baySchulrecht	= Paul *Seipp* — Emil *Kessler,* Ergänzbare Sammlung der Vorschriften für Schule und Schulverwaltung in Bayern (zitiert nach Leitzahl und Seite)
SGb	= Die Sozialgerichtsbarkeit (Zeitschrift)
s.o.	= siehe oben
Stgt	= Stuttgart
s.u.	= siehe unten
uU	= unter Umständen
Verwaltungsabkommen	= Verwaltungsabkommen zwischen Bund und Ländern zur Förderung von Wissenschaft und Forschung v. 4. Juni 1964 (Bulletin des Presse- und Informationsamtes der Bundesregierung 813)
VG	= Verwaltungsgericht
vgl.	= vergleiche
VGVO	= Verordnung Nr. 165 der Militärregierung — Britisches Kontrollgebiet — über Verwaltungsgerichtsbarkeit in der britischen Zone (VOBl. BZ 1948, 263), aufgehoben durch § 195 II 2 VwGO
VVDStRL	= Veröffentlichungen der Vereinigung der Deutschen Staatsrechtslehrer (zitiert nach Heft und Seite)
VwArch.	= Verwaltungsarchiv (Zeitschrift)
VwGO	= (Bundes-)Verwaltungsgerichtsordnung v. 21. Jan. 1960 (BGBl. I 17)
VwRspr.	= Verwaltungsrechtsprechung in Deutschland, hg. v. G. *Ziegler* (zitiert nach Band und Seite)
zB	= zum Beispiel
ZBl.	= Zentralblatt für die gesamte Unterrichtsverwaltung (in Preußen)
ZgesStW	= Zeitschrift für die gesamte Staatswissenschaft
Ziff.	= Ziffer
zit.	= zitiert
zT	= zum Teil

Einführung

Im einführenden Teil dieser Schrift wird zunächst ein kurzer geschichtlicher Überblick über die Studentenförderung gegeben, danach die Entstehungsgeschichte des Honnefer Modells geschildert und abschließend die tatsächliche Ausgestaltung der allgemeinen Studentenförderung nach dem Honnefer Modell dargestellt.

Im Hauptteil wird sodann versucht, die Förderung der Studenten rechtlich einzuordnen, und anschließend geprüft, ob sie verfassungsrechtlich zulässig ist. Einer besonderen Untersuchung bedürfen dabei die Fragen, ob eine Studentenförderung ohne gesetzliche Regelung zulässig ist, wem die Gesetzgebungs- und Verwaltungskompetenzen zustehen und welche Rechte den Studenten im Rahmen des Honnefer Modells zukommen.

Da sich bei der Studentenförderung an wissenschaftlichen Hochschulen[1] im wesentlichen dieselben rechtlichen Probleme ergeben wie bei der Unterstützung der Studierenden an den anderen Bildungseinrichtungen, soll im Interesse der Übersichtlichkeit der Untersuchung nur die Förderung der Studenten an wissenschaftlichen Hochschulen behandelt werden.

---

[1] Pädagogische Hochschulen werden in dieser Schrift nicht zu den wissenschaftlichen Hochschulen gezählt, selbst wenn sie als solche staatlich anerkannt sind; s.u. § 12 B II b 1.

Erster Teil

Darstellung der Studentenförderung

Erster Abschnitt

Entwicklung der Studentenförderung

Erstes Kapitel

Die Studentenförderung im allgemeinen

§ 1 Bis zum Ersten Weltkrieg

Bereits im Mittelalter wurden einige Studenten wirtschaftlich gefördert. Während normalerweise die von der Fakultät festgesetzten
Kolleggelder gezahlt werden mußten[1], konnten arme Studenten auf
Grund der Statuten wohl aller deutschen Universitäten davon befreit
werden[2]. So gestatteten es die Wiener Statuten von 1389 den Lehrern
selbst, armen Studenten das Honorar zu erlassen[3]. In Leipzig hatte der
Student seinem Lehrer ursprünglich in feierlicher Form zu erklären,
er könne die Kolleggelder nicht zahlen, bevor er völligen oder teilweisen Nachlaß erbitten konnte[4]; später zogen sog. Taxatoren die Kolleggelder ein und entschieden darüber, welche Studenten das Honorar
nicht oder nur zum Teil zu zahlen brauchten[4].

Gebührenerlaß hat es auch in der Folgezeit gegeben. So ist er zB
in § 13 der Regelung über die Kolleggelder für die Universität Freiburg
vom 13. Juli 1807[5] vorgesehen. Diese Art der Studentenförderung gewährten letztlich die Hochschullehrer, da sie (nur) die vereinnahmten
Kolleggelder erhielten.

---

[1] S. *Kaufmann* II 400.
[2] S. *Kaufmann* II 405.
[3] S. *Kaufmann* II 401.
[4] S. *Kaufmann* II 403.
[5] Zitiert bei *Gerber*, Wandel I 98 iVm Anm. 623 und 628 auf S. 192.

Neben dem Gebührenerlaß gab es auch Stipendien[6]. So wurde in Freiburg die erste Studienstiftung im Jahre 1485 von Konrad *Arnold* errichtet[7]. Die Stipendien wurden auf Grund privater Stiftungen entweder an Angehörige bestimmter Familien bzw. anderer Gruppen oder an Studenten bestimmter Fächer vergeben[8]. Daneben gewährten die Landesherren noch Einzelstipendien[9].

Außerdem gab es auf Grund privater Stiftungen auch einige Freitische[10]. So unterhielt der Herzog von Nassau in Marburg eine Mensa für die „Nassauer"[11]. — Am Ende des 19. Jahrhunderts wurde an den preußischen Hochschulen eine allgemeine Krankenversicherung für Studenten eingeführt[12].

Die ersten Bemühungen, eine umfassende soziale Fürsorge für die Studenten zu schaffen, wurden um die Jahrhundertwende unternommen[13], hatten vor dem 1. Weltkrieg jedoch keinen Erfolg.

§ 2 Zwischen den Kriegen

Nach dem 1. Weltkrieg wurden die bisherigen Arten der Studentenförderung beibehalten. So bestand weiterhin die Möglichkeit, die Gebühren zu erlassen, wenn ein Student bedürftig war und sein Fleiß, seine Begabung und seine Führung diese Unterstützung rechtfertigten[14]. (In Preußen bestimmte das Unterrichtsministerium die Gesamthöhe des von jeder Hochschule zu gewährende Gebührenerlassens.) Auch Stipendien aus privaten Stiftungen wurden weiterhin vergeben.

Nunmehr wirkten in den über die Förderung entscheidenden Gremien jedoch Vertreter der Studenten mit[15]. Kurz nach dem 1. Weltkrieg

---

[6] Vgl. *Kummerow* 4; *Thieme:* RWS 1961, 263 und *ders.,* Recht und Pflicht 19 ff.

[7] Das ergibt sich aus einem Gutachten des Universitäts-Syndikus' Oberamtmann Dr. *Klotz* über die Verwaltung der Studienstiftungen an der Universität Freiburg im Breisgau v. 12. Dez. 1911; zitiert bei *Gerber,* Wandel II 442 ff.

[8] S. *Volkmann* 58; *Köttgen:* DVBl. 1956, 427; *Thieme:* RWS 1961, 263 und *Tupetz* 40.

[9] Vgl. *Thieme:* RWS 1961, 263.

[10] S. *Köttgen:* DVBl. 1956, 427.

[11] Vgl. *Tietmeyer* 148.

[12] S. *Thieme,* Recht und Pflicht 22.

[13] S. *Gerber,* Wandel I 107.

[14] Vgl. *Holtz* 24 und *Kummerow* 32.

[15] Vgl. § 6 der preußischen Gebührenerlaßordnung für die Landesuniversitäten v. 13. Febr. 1924 (Nachrichtenblatt: 5. Jahr, Folge 7/8 v. 15. Mai 1924 Nr. 93; zitiert bei *Kersten* 33); s.a. *Holtz* 24 und *Schapals* 44.

wurden die an allen Hochschulen entstandenen Ausschüsse der Studenten — „Studentenschaften", „Allgemeine Studentenausschüsse"[16] — staatlich anerkannt[17]. Ihnen oblag insbes. die allgemeine Fürsorge für die Studenten[18]; sie schufen soziale Einrichtungen wie Mensen, Arbeits- und Zimmervermittlung sowie Krankenversicherung und ermöglichten den verbilligten Bezug von Lernmitteln[19].

Die Studentenschaften waren infolge ihres ständigen Mitgliederwechsels und ihres unklaren Rechtscharakters wenig geeignet, derart große Projekte durchzuführen. Daher wurden im Anschluß an den Erlanger Studententag von 1921 an allen Hochschulen eigene Wirtschaftskörper geschaffen, die meist in der Rechtsform eingetragener, zT aber auch in derjenigen staatlich konzessionierter Vereine, als Gesellschaften mit beschränkter Haftung oder auch als Genossenschaften betrieben wurden[20]. Diese — meist „Studentenwerk" genannten — Wirtschaftskörper übernahmen die sozialen Einrichtungen, die bislang von den Studentenschaften unterhalten worden waren[21].

Die Mittel für diese Förderungsmaßnahmen wurden zT durch die Semesterbeiträge der Studenten aufgebracht; außerdem gewährte die öffentliche Hand Zuschüsse, so daß der Staat erstmalig Studenten in größerem Ausmaße förderte[22]. Die Mittel für den Gebührenerlaß wurden weitgehend von den Hochschullehrern aufgebracht; seit 1929/30 wurden ihnen aus diesem Grunde 15 % der Hörergelder abgezogen[23].

Da nur wenige Studenten ein Stipendium erhielten und die anderen Förderungsmaßnahmen nicht ausreichten, um begabten und bedürftigen Studenten ein Studium zu ermöglichen, wurde am 2. Juli 1922

---

[16] Vgl. *Kersten* 9.

[17] S. zB die Verordnung über die Bildung von Studentenschaften an den preußischen Hochschulen v. 18. Sept. 1920 (ZBl. 1921, 8), die Verordnung des hessischen Landesamtes für das Bildungswesen v. 8 Dez. 1920 (Regierungsblatt v. 8. Dez. 1920; zitiert bei *Kersten* 6) und das hamburgische Hochschulgesetz v. 4. Febr. 1921 (hmbGVBl. 65). S.a. die Verordnung über die Bildung von Studentenschaften an den preußischen Hochschulen v. 23. Sept. 1927 (ZBl. 1927, 325).

[18] S. zB § 2 b der oa preußischen Verordnung v. 1920, § 3 b der oa preußischen Verordnung von 1927.

[19] S. *Holtz* 15, 38, 94; *Kummerow* 56 f.; *Thieme:* RWS 1961, 263; *Schapals* 34, 45; *Tupetz:* DUZ 1962, H. 7, S. 13 f. und OVG Mstr v. 8. Sept. 1966 (V A 243/65): DVBl. 1967, 160 (162, 165).

[20] Vgl. *Wende* 188; *Kersten* 26; *Kummerow* 48; *Schapals* 45 f. und *Tupetz:* DUZ 1962, H. 7, S. 14.

[21] Auch die wenigen bisher von den Hochschulen getragenen sozialen Einrichtungen gingen auf die Studentenwerke über; vgl. *Schapals* 46.

[22] S. *Holtz* 95.

[23] Vgl. *Wende* 157 f.

die „Darlehenskasse der Deutschen Studentenschaften" als eingetragener Verein des bürgerlichen Rechts mit dem Sitz in Dresden gegründet[24]. Organisatorisch war sie von den Wirtschaftskörpern getrennt. Neben dem Reich, den Ländern, dem Verband der Deutschen Hochschulen und der „Wirtschaftshilfe der Deutschen Studentenschaft e. V." konnten die Wirtschaftskörper jeder Hochschule Mitglieder dieser Kasse werden, sofern die Studenten der betreffenden Hochschule Semesterbeiträge an sie zahlten. War der Wirtschaftskörper einer Hochschule Mitglied der Kasse, so konnten Studenten dieser Hochschule, die in oder kurz vor der Abschlußprüfung standen, Darlehen erhalten, falls sie bedürftig waren und sich menschlich sowie wissenschaftlich bewährt hatten[25]. Über die Gewährung des Darlehens entschied die Zweigstelle der Darlehenskasse am Hochschulort, die von Vertretern der Dozenten- und Studentenschaft mitverwaltet wurde.

1925 wurde die „Studienstiftung des Deutschen Volkes" als eingetragener Verein des bürgerlichen Rechts gegründet[26], um besonders begabte Studenten durch Stipendien zu unterstützen. In die Förderung konnte nur aufgenommen werden, wer von einem Hochschullehrer vorgeschlagen war. 1933 wurde die Studienstiftung aufgelöst[27].

Die übrigen oben genannten Arten der Studentenförderung blieben im Dritten Reich im wesentlichen erhalten; allerdings wurden nur Studenten gefördert, die im Sinne der nationalsozialistischen Zielsetzung „geeignet" waren[28]. Durch die Verordnung des Reichsministers für Erziehung, Wissenschaft und Volksbildung vom 2. Nov. 1934[29] wurde das Reichsstudentenwerk als Anstalt gebildet, das alle Einrichtungen der studentischen Selbsthilfe übernahm. Diese Regelung wurde durch das Gesetz über das Reichsstudentenwerk vom 6. Juli 1938[30] bestätigt. Die Darlehenskasse der Deutschen Studentenschaften blieb bis 1945 bestehen[31].

---

[24] S. *Volkmann* 60 und *Möller* 3; s.a. den Bericht „Errichtung einer Zentralen Darlehenskasse beim Deutschen Studentenwerk": DUZ 1961, H. 10, S. 11; zur Organisation der Darlehenskasse vgl. *Holtz* 91 f.

[25] S. *Volkmann* 62.

[26] S. *Kummerow* 48 ff. und *Pfuhl* 358.

[27] Vgl. *Haerten* 69.

[28] Vgl. Stück 1 Abs. 2 S. 1 der Verordnung des Reichsministers für Erziehung, Wissenschaft und Volksbildung v. 2. Nov. 1934 (ZBl. 1934, 355).

[29] ZBl. 1934, 355.

[30] RGBl. I 802.

[31] Vgl. den Bericht: „Errichtung einer Zentralen Darlehenskasse beim Deutschen Studentenwerk": DUZ 1961, H. 10, S. 11.

§ 3 Nach dem Zweiten Weltkrieg

A. Studentenförderung durch Hochschulen und Studentenwerke

Eine studentische Kranken- und Unfallversicherung[32], Zimmer-, Arbeits- und Reisevermittlung sowie Studentenwohnheime[33], Lesehallen und Mensen wurden geschaffen. All diese Einrichtungen werden durch erhebliche staatliche Zuschüsse unterstützt[34]. Ein Teil der Unkosten wird aber durch die Sozialbeiträge der Studenten aufgebracht, die sie in jedem Semester an die Universitätskasse zahlen müssen[35]. Diese Einrichtungen werden entweder von den Hochschulen[36] oder den Studentenwerken getragen[37]. Der Staat leistet demnach bei diesen Arten der Studentenförderung Hilfe zur Selbsthilfe[38].

B. Studentenförderung durch sonstige nichtstaatliche Förderungswerke

Im Jahre 1948 wurde die „Studienstiftung des Deutschen Volkes e.V." wiedergegründet[39]. Wie schon vor dem 2. Weltkrieg gewährt sie auch heute besonders begabten Studenten ohne Rücksicht auf ihre wirtschaftliche Lage Stipendien. 1963 betreute sie 2 000 Stipendiaten[40].

---

[32] S. *Richter* 26 f. und *Sofsky:* RWS 1964, 228.

[33] Die große Wohnungsnot der Studenten wird zT durch die allgemeine Wohnungsnot verursacht, im übrigen durch die kleinen Neubauwohnungen, bei denen eine Untervermietung nicht möglich ist, sowie durch den starken Andrang zu den Universitäten; s. *Bachmann* 6. Über die Ziele, die außer der Linderung der Wohnungsnot mit dem Bau von Studentenwohnheimen erreicht werden sollen, vgl. den Beschluß der Kultusministerkonferenz zum Bau von Wohnheimen für Studierende v. 29./30. Sept. 1960: RWS 1960, 63. Zur Entwicklung des Studentenwohnheimbaus seit dem 2. Weltkrieg s. *Kimmerle:* DUZ 1961, H. 10, S. 12. Der Bund fördert den Bau dieser Wohnheime hauptsächlich mit den Mitteln des Bundesjugendplanes (vgl. *Köttgen:* Staats- und verwaltungswissenschaftliche Beiträge 199).

[34] So stellte der Bund im Jahre 1961 für den Bau von Studentenwohnheimen im Bundesjugendplan 12,5 Mio. DM zur Verfügung; die Länder brachten im selben Jahr 5,5 Mio. DM Sonderfondsmittel dafür auf; vgl. *Kimmerle* 17.

[35] S. *Sofsky:* RWS 1964, 228.

[36] In dieser Schrift werden unter Hochschulen nur die wissenschaftlichen — mit Ausnahme der Pädagogischen — Hochschulen verstanden. Zum Begriff der wissenschaftlichen Hochschule s.u. § 12 B II b 1.

[37] S. *Thieme:* RWS 1961, 261; *Sofsky:* RWS 1964, 228; s.a. *Kimmerle* 19 bezüglich der Studentenwohnungen.

[38] Vgl. *v. Rundstedt* 139 ff.

[39] S. *Haerten* 69 und *Möller* 3 sowie den Bundesbericht Forschung I 67; vgl. auch den Bericht: „Die Studienstiftung des Deutschen Volkes": RWS 1961, 191; s.a. *Gerber,* Hochschulrecht I 167 ff.

[40] Vgl. *Bundesbericht Forschung* I 65.

Auch andere Förderungswerke für hochbegabte Studenten wurden geschaffen[41]. So unterstützt die Friedrich-Ebert-Stiftung, ein eingetragener Verein des bürgerlichen Rechts, deutsche und ausländische Studenten[42].

Über die Aufnahme in dieses Förderungswerk entscheidet ein Prüfungsausschuß, der sich aus Vertretern der Wissenschaft, Wirtschaft, Verwaltung sowie des Vorstandes und der Geschäftsführung der Stiftung zusammensetzt[42]. 1963 gehörten der Friedrich-Ebert-Stiftung 430 deutsche und 130 ausländische Stipendiaten an[43].

Evangelische Studenten können seit 1948 durch das evangelische Studienwerk „Villigst" gefördert werden[44]. Im Jahre 1963 betreute es 450 Stipendiaten[40].

Das „Cusanuswerk" unterstützt seit 1956 männliche katholische Studenten[45] und hatte 1963 300 Stipendiaten[40].

Im Jahre 1954 errichtete der Deutsche Gewerkschaftsbund die „Stiftung Mitbestimmung"[46]. Sie vergab 1964 778 Stipendien.

Seit 1958 gibt es die Konrad-Adenauer-Stiftung, die es sich zum Ziel gesetzt hat, hochbegabten Studenten ein besonderes Verständnis für die Grundfragen der europäischen Ordnung zu vermitteln[47].

Zwar finanzieren Bund und Länder diese Förderungswerke weitgehend durch Zuschüsse mit[48], über alle mit der Förderung zusammenhängenden Fragen entscheiden aber nicht staatliche, sondern Organe der jeweiligen Institutionen.

---

[41] Vgl. *v. Rundstedt* 94 f.

[42] S. den Jahresbericht 1961 über die Hochbegabtenförderung der Friedrich-Ebert-Stiftung: DUZ 1962, H. 9, S. 40 und *Gerber*, Hochschulrecht I 174 f.

[43] S. RWS 1964, 191.

[44] S. *Pfuhl* 358; *v. Rundstedt* 94 und *Gerber*, Hochschulrecht I 172 f.

[45] Vgl. *Pfuhl* 358; *v. Rundstedt* 95 und *Gerber*, Hochschulrecht I 172 f.

[46] S. *Pfuhl* 358 und *Gerber*, Hochschulrecht I 173 f.

[47] S. *Gerber*, Hochschulrecht I 175.

[48] S. *Bundesbericht Forschung* I 65. So erhielten 1963
die Studienstiftung des Deutschen Volkes   =
3.050.000,— DM Bundes- u. 1.224.654,— DM Landesmittel,
die Friedrich-Ebert-Stiftung   =
440.000,— DM Bundes- u.   42.000,— DM Landesmittel,
das Studienwerk Villigst   =
700.000,— DM Bundes- u.   63.500,— DM Landesmittel,
die Stiftung Mitbestimmung   =
440.000,— DM Bundesmittel   und
das Cusanuswerk   =
420.000,— DM Bundesmittel.

C. Studentenförderung durch den Bund

In vielen Bundesgesetzen ist im Rahmen der allgemeinen öffentlichen Fürsorge oder der Hilfsmaßnahmen für die durch den Krieg besonders Betroffenen eine Studentenförderung vorgesehen[49].

I. Kriegsfolgegesetze

Als Ausgleich für die Verluste durch Krieg oder Verfolgung werden den Betroffenen bzw. ihren Kindern Beihilfen zur Hochschulausbildung gewährt.

Jugendlichen Evakuierten wurden Ausbildungsbeihilfen zur Hochschulausbildung nach § 16 III BEvG iVm mit landesrechtlichen Ausführungsbestimmungen (zB dem nw-Runderl.) gewährt. Auch das BEG sieht in seinen §§ 115—119 Ausbildungsbeihilfen für Verfolgte vor, die von der Berufs- oder vorberuflichen Ausbildung ausgeschlossen waren[50], sowie für Kinder von Verfolgten, die wegen der Verfolgung ihrer Eltern die Berufs- bzw. vorberufliche Ausbildung nicht aufnehmen oder beenden konnten. Heute haben diese Förderungsmaßnahmen wohl keine Bedeutung mehr, da Angehörige dieser Personenkreise sich kaum noch in der Berufsausbildung befinden dürften.

Kriegerwaisen und Kinder von Kriegsbeschädigten oder -gefangenen erhalten Erziehungsbeihilfen gemäß § 27 BVersoG iVm §§ 9 Z. 2, 20—23 BVersoG-VO. § 302 LAG, ergänzt durch Abschnitt F der Anlage zu § 5 Beihilfe-Weisung[51], sieht Ausbildungsbeihilfen für die Vertreibungs- und Kriegssachgeschädigten sowie deren Kinder vor. Nach § 10 II HeimkehrerG iVm § 3 I c HeimkehrerG-DVO werden Ausbildungsbeihilfen an Heimkehrer gezahlt, die mindestens zwei Jahre in fremdem Gewahrsam gewesen sind und ihre Berufsausbildung vor der Gefangenschaft nicht aufgenommen oder beendet haben. Nach diesen Vorschriften werden auch die aus politischen Gründen außerhalb der Bundesrepublik oder Westberlins Inhaftierten gefördert[52].

Durch diese gesetzlichen Bestimmungen soll den Betroffenen eine ihren Anlagen und Fähigkeiten entsprechende angemessene Ausbildung ermöglicht werden[53]. Die Ausbildungsbeihilfen werden nur ge-

---

[49] Vgl. *Tupetz* 40 und *v. Rundstedt* 86 ff. Nicht nur die bis 1955, sondern alle bisher getroffenen Maßnahmen sollen im folgenden geschildert werden. Die Rechtsnormen werden in der heute geltenden Fassung zitiert.

[50] §§ 115 f. BEG.

[51] S. die Durchführungsbestimmungen idF v. 20. März 1963; *Seipp-Haugg*, nwSchulrecht 47, 127 ff.

[52] S. § 9 I HHG.

[53] S. zB § 27 BVersoG und § 4 HeimkehrerG-DVO.

währt, wenn weder der Auszubildende noch seine Unterhaltspflichtigen die Kosten allein zu tragen vermögen[54]. Die Beihilfen sind so zu bemessen, daß die Ausbildungskosten und der Lebensunterhalt davon bestritten werden können[55].

II. Bundessozialhilfegesetz

Beihilfen zur Hochschulausbildung können auch auf Grund des § 31 II BSHG gewährt werden, wenn die Fähigkeiten und Leistungen des Studenten erheblich über dem Durchschnitt liegen oder wenn der Abbruch der Hochschulausbildung für ihn eine besondere Härte bedeuten würde[56]. Nach § 33 BSHG umfaßt die Beihilfe die für Ausbildung und Lebensunterhalt erforderlichen Kosten. Gemäß § 34 BSHG können auch Darlehen für ein Hochschulstudium gewährt werden.

D. Studentenförderung durch die Länder

Neben dem Bund fördern auch die Länder ihre Studenten durch Stipendien und Darlehen sowie durch Freitische[57]. Beispielsweise werden Einsatzstipendien an zum Studium geeignete und bedürftige Studenten vergeben[58]; sie sind mit einer Arbeit zu beschäftigen, die mit ihrer Ausbildung zusammenhängt. In Bayern[59] und in Hessen[60] erhalten begabte Studenten zT sogar Ausbildungsbeihilfen. Weiterhin können Studenten, die bisher ordnungsgemäß studiert haben und bedürftig sind, langfristige Darlehen gewährt werden[61].

---

[54] S. zB § 27 BVersoG; § 10 IV HeimkehrerG iVm § 4 HeimkehrerG-DVO; § 16 III BEvG iVm (zB) Ziff. III b nw-Runderl.; § 302 LAG iVm § 4 Beihilfe-Weisung. § 119 BEG sieht Ausbildungsbeihilfen nur vor, wenn die Eltern auf Grund ihrer Verfolgung die Ausbildungskosten für ihre Kinder nicht aufbringen können.

[55] S. zB § 27 BVersoG; § 116 BEG; § 16 III BEvG iVm (zB) Ziff. IV 2 nw-Runderl. und § 302 LAG iVm § 7 Beihilfe-Weisung. Heimkehrer erhalten gem. § 5 HeimkehrerG-DVO auch die Kosten für den Lebensunterhalt der Ehegatten und ihrer Kinder. Vgl. *Strohn* 84.

[56] S. § 32 III BSHG.

[57] Vgl. zB nwRichtl 2 B.

[58] S. zB nwRichtl 2 D.

[59] S. das bayerische Begabtenförderungsgesetz v. 12. Juli 1966 (bayGVBl. 230) und die dazu erlassene Durchführungsverordnung v. 13. Juli 1966 (bayGVBl. 232).

[60] S. § 6 d. hessischen Gesetzes über Unterrichtsgeld- und Lernmittelfreiheit u. Erziehungsbeihilfen v. 28. Juni 1961 (heGVBl. 100).

[61] Vgl. nwRichtl 2 C iVm Richtlinien für die Vergabe von Studiendarlehen der Darlehenskasse der Studentenwerke des Landes NW, e.V., in Bonn (Runderl. d. Kultusministers v. 2. Juli 1958; *Seipp-Haugg*, nwSchulrecht 47, 29). Zu den Maßnahmen der Studentenförderung durch die Länder bis 1956 vgl. *v. Rundstedt* 12 ff. und 27 ff.

E. Auswirkungen
dieser verschiedenen Förderungsmaßnahmen

Die meisten der genannten Förderungen gab es schon 1955. Für den Studenten waren sie fast unübersehbar[62]. Die Mittel zur Studentenförderung wurden von den verschiedenen Stellen unkoordiniert vergeben[63]. Über die Gewährung von Stipendien entschieden öffentliche Stellen, die mit den Studienverhältnissen nicht vertraut waren[64], so daß eine hochschulgerechte Förderung schwierig, wenn nicht unmöglich war. Oft war die Gewährung eines Stipendiums an den Besuch einer bestimmten Hochschule gebunden und somit ein Hochschulwechsel ausgeschlossen[65]. Infolge der vielen Förderungsmöglichkeiten durch die verschiedensten Stellen und auf Grund zahlreicher Rechtsnormen war eine gerechte Verteilung der Stipendien kaum möglich[66].

Zu all diesen Mängeln des damaligen Förderungswesens kam entscheidend hinzu, daß durch die allgemeine Not nach dem Zusammenbruch der Kreis der Studenten, die ihr Studium nicht mit eigenen oder Mitteln der Eltern finanzieren konnten, viel größer war als der Kreis, der bei der Vergabe der Stipendien berücksichtigt werden konnte.

So wurden 1951 nur ein Drittel aller männlichen und die Hälfte aller weiblichen Studenten ausschließlich von ihren Eltern unterhalten[65]. Ein Drittel aller Studenten finanzierte das Studium ganz oder teilweise durch Werkarbeit[66]. 10,05 % der männlichen und 5,72 % der weiblichen Studierenden lebten nur vom Geld aus eigener Erwerbstätigkeit[67]. Nur etwa 20 % der Studenten erhielten ein mehr oder weniger ausreichendes Stipendium aus öffentlichen Mitteln[68]. Dies hatte zur Folge, daß im Sommersemester 1956 fast die Hälfte aller Studenten erwerbstätig war[68]. Die Werkarbeit, die sich teilweise sogar gesundheitsschädigend auswirkte, verzögerte oder hinderte aber einen geregelten Ablauf des Studiums[69].

Als man diese Mißstände erkannte und sah, daß in der Sowjetzone[70] und im Ausland die Maßnahmen der Studentenförderung immer grö-

---

[62] S. Empfehlungen der Abteilung II der Hochschultagung in Bad Honnef v. 19.—22. Okt. 1955: Form und Organisation der Studentenförderung II (*Neuhaus* 460).

[63] S. oa Empfehlungen (*Neuhaus* 460) und *Thieme:* RWS 1961, 263.

[64] S. oa Empfehlungen (*Neuhaus* 460).

[65] Vgl. *Kath* 53, der diese Zahlen auf Grund einer Umfrage des Verbandes Deutscher Studentenwerke im Sommersemester 1951 nennt.

[66] S. *Kath:* DUZ 1961, H. 10, S. 25.

[67] S. *Kath* 53.

[68] S. *Kath:* DUZ 1961, H. 10, S. 26.

[69] S. *Scheidemann* 359.

ßeren Umfang annahmen[71], setzten auch in der Bundesrepublik Deutschland Bemühungen um eine Verbesserung der Studentenförderung ein[72].

F. Exkurs: Überblick über die Studentenförderung im Ausland

Da Art und Umfang der Studentenförderung im Ausland die Schaffung des Honnefer Modells mitveranlaßten, soll im folgenden kurz darauf eingegangen werden.

Besonders umfangreich ist die Förderung durch Stipendienvergabe. Gem. § 1 I des österreichischen Gesetzes über die Gewährung von Studienbeihilfen an Hochschulen und Kunsthochschulen[73] erhalten österreichische Studenten Stipendien. Staatliche Stipendien wurden zB auch an 20 % aller Studenten in Schweden im Haushaltsjahr 1962/63[74], an 25 % aller Studenten an den Universitäten, Technischen Hochschulen und Schüler der Vorbereitungsklassen der Grandes Ecoles in Frankreich ab 1. Oktober 1963[75], an 30 % aller Universitätsstudenten in den Niederlanden[76], an 34,5 % aller Studenten in Belgien[77], an 55,9 % aller Studenten in Polen[78] und an alle Studenten in der Sowjetunion[79] vergeben. Auch in Großbritannien erhalten fast alle Studenten ein Stipendium, wenn nicht vom Staat, so von den örtlichen Erziehungsbehörden und von den Universitäten oder aus privaten Mitteln[80]. In

---

[70] Dort erhielten 1963 90 % aller Studenten ein staatliches Stipendium; vgl. *Dittrich* 72; s.a. die Verordnung über die Gewährung von Stipendien an Studierende der Universitäten und Hochschulen v. 3. Febr. 1955 (GBl. I 101).

[71] Vgl. *Thieme:* RWS 1961, 263.

[72] So befaßte sich zB die Arbeitstagung in Hinterzarten vom 9.—18. Aug. 1952 mit diesen Problemen; der Bericht der Kommission für Studienberatung und Studentenförderung ist abgedruckt bei *Neuhaus* 426 ff.

[73] V. 16. Okt. 1963, oeBGBl. Nr. 249.

[74] S. *Bundesbericht Forschung* I 102. Dieser Bericht erwähnt ein schwedisches Gesetz v. 4. Juni 1964, das ab 1965 jedem Schweden das Recht auf staatliche Beihilfen oder Darlehen für die Durchführung eines Studiums gibt.

[75] S. *Bundesbericht Forschung* I 98.

[76] S. *Piekaar-Nittel* 341; außerdem bringen die Provinzen, Städte und private Institutionen Mittel zur Studentenförderung auf.

[77] Vgl. *Bundesbericht Forschung* I 103 f.; in Belgien werden alle Förderungsmittel durch den Fonds National des Etudes bereitgestellt, der vom Unterrichtsministerium verwaltet wird.

[78] S. *Ratuszniak* 313.

[79] S. *Bundesbericht Forschung* I 112.

[80] S. *Bundesbericht Forschung* I 95. Vgl. auch *Werner* 436, der bereits im Jahre 1958 berichtete, daß sogar in Oxford und Cambridge 75 % aller Studenten ein Stipendium erhielten.

der Schweiz wurden Stipendien von Hochschulen, Kantonen und kommunalen sowie privaten Stiftungen vergeben. Der Bund gewährte den Förderungsträgern Zuschüsse[81] und kann seit Inkrafttreten der Verfassungsänderung vom 20. Febr. 1964 selbst Förderungsmaßnahmen treffen[82].

In einigen Ländern werden den Studenten auch Darlehen gewährt, so zB in den USA, in den Niederlanden[83] und in Belgien[84]. In Schweden erhielten sogar 50 % aller Studenten im Haushaltsjahr 1962/63 ein staatliches oder ein — durch staatliche Bürgschaft gesichertes — privates Darlehen[74].

Die Studentenförderung durch Gebührenerlaß ist in den USA und in der Schweiz sehr verbreitet[81]. In der Sowjetunion werden keinerlei Studiengebühren erhoben[79].

Zweites Kapitel

Die Hochschultagung in Bad Honnef vom 19. bis 22. Oktober 1955

Auf der Hochschultagung in Bad Honnef vom 19. bis 22. Okt. 1955 kamen Vertreter der Bundesregierung, der Länderregierungen, des Hochschulverbandes, der Westdeutschen Rektorenkonferenz, der Studentenwerke und des Verbandes Deutscher Studentenschaften zusammen. Sie arbeiteten einen Plan für eine allgemeine Studentenförderung in der Bundesrepublik Deutschland und in Westberlin aus.

§ 4 Ziele der geplanten Neuregelung

Mit dieser neuen Art der Studentenförderung sollten die Unzulänglichkeiten, die sich herausgestellt hatten, beseitigt werden. Der Plan bezweckte, allen, deren Begabung und Fleiß erkennen ließen, daß sie ein Studium erfolgreich abschließen könnten, eine hochschulgerechte — d. h. dem Studiengang angepaßte — Förderung zu gewähren[85]. Auf diese Weise wollte man Begabungsreserven wecken[86], da der Bedarf an

---

[81] Vgl. *Bundesbericht Forschung* I 105.

[82] S. *Scheuner:* Planung I 87.

[83] S. *Bundesbericht Forschung* I 100.

[84] S. *Bundesbericht Forschung* I 103.

[85] S. OVG Bln v. 23. Mai 1962 (I a B 11. 61): RWS 1963, 152 (153); *Oehler:* DUZ 1961, H. 10, S. 7; *ders.,* Vortrag 30; *Thieme:* RWS 1961, 263; *Tupetz* 40 und *Sofsky* 154; s.a. *Bundesbericht Forschung* I 67.

[86] Kennzeichnend ist, daß zur selben Zeit eine lebhafte Diskussion über den Zweiten Bildungsweg entstand; vgl. *Thieme:* RWS 1961, 264.

Akademikern ständig stieg[87]. Von den bis dahin aus Bundesmitteln gewährten Beihilfen sollte sich die neue Art der Studentenförderung dadurch unterscheiden, daß sie nicht nur auf Angehörige eines bestimmten Personenkreises beschränkt war[88]. Diese geplante Art der Förderung brachte das allgemeine Streben nach sozialer Gerechtigkeit[89] und Sicherheit[90] zum Ausdruck.

§ 5 Darstellung der beabsichtigten Regelung der Studentenförderung

Im einzelnen sah der Plan — der in den Empfehlungen als „Modell" bezeichnet wurde[91] — die Vergabe von monatlichen Zuschüssen — teils als Stipendien, teils als Darlehen[92] — an alle begabten und bedürftigen Studenten vor[93]. Es sollte zwischen Anfangs- und Hauptförderung unterschieden werden[94]; letztere sollte ein Student nur erhalten, wenn er Gutachten von zwei Dozenten über seine Begabung und Leistung beibrachte[95]. Die Entscheidung über die Aufnahme in die Förderung sollte durch von der Hochschule gebildete Förderungsausschüsse mit Vertretern der Dozenten und der Studenten sowie der Studentenwerke getroffen werden[96]. Das Aufnahmeverfahren sollte durch den Antrag des Bewerbers, den Vorschlag eines Schulleiters oder eines Hochschullehrers in Gang gesetzt werden[97]. Der Senat der Hochschule sollte dem Studentenwerk die Abwicklung der Studentenförderung übertragen, d. h. die Entgegennahme der Anträge, die Vorbereitung der Entscheidung des Förderungsausschusses, die Prüfung und Überwachung der Voraussetzungen für die Bedürftigkeit und die Auszahlung der Stipendien und Darlehen[98].

---

[87] S. *Raiser* 11; *Scheidemann* 359 f. und *Oehler, Vortrag* 30, 32.

[88] S. *Jüchter* 20.

[89] S. die Empfehlungen der Abteilung II der Hochschultagung in Bad Honnef v. 19.—22. Okt. 1955: Form und Organisation der Studentenförderung II (*Neuhaus* 460); *Jüchter* 20 und *Oehler, Vortrag* 30.

[90] S. *Köttgen,* Das Grundrecht der deutschen Universität 64.

[91] S. Empfehlungen der Abteilung II der Hochschultagung in Bad Honnef: Form und Organisation der Studentenförderung IV (*Neuhaus* 461). Im folgenden werden Auszüge aus diesen Empfehlungen nur „Empfehlungen" mit Angabe des Teils zitiert; in Klammern wird dahinter die Zahl der Seite angegeben, auf der das Zitat bei *Neuhaus* abgedruckt ist.

[92] Empfehlungen IV B 1 (462).

[93] Empfehlungen IV A 1 (461).

[94] Empfehlungen IV B 1 (462).

[95] Empfehlungen IV B 2 (463).

[96] Empfehlungen IV A 4 (461), B 2 (462 f.).

[97] Empfehlungen IV B 2 (463 f.).

[98] Empfehlungen IV B 3 (463).

Durch dieses System der individuellen Förderung[99] wollte man der Eigenart der akademischen Ausbildung, der persönlichen Lage des einzelnen Studenten und den Grundsätzen, die für die Vergabe öffentlicher Mittel gelten, Rechnung tragen[100].

---

[99] Empfehlungen III (461).
[100] Empfehlungen IV (461).

Zweiter Abschnitt

Das Honnefer Modell

Erstes Kapitel

**Gestaltung und Finanzierung des Honnefer Modells
durch Bund und Länder**

**§ 6 Die Besonderen Bewilligungsbedingungen des Bundes
und die Richtlinien der Länder**

Nachdem die Ständige Konferenz der Kultusminister der Länder die Empfehlungen gebilligt hatte[1], erließ der Bundesminister des Inneren auf der Grundlage dieses Modellplanes im Jahre 1957 „Besondere Bewilligungsbedingungen für die Vergabe von Bundesmitteln zur Förderung von Studenten an den wissenschaftlichen Hochschulen in der Bundesrepublik Deutschland einschließlich des Landes Berlin" (BBewBed); die BBewBed wurden bisher mehrfach mit Änderungen neu erlassen, zuletzt am 1. Sept. 1966[2].

Die Kultusminister (-senatoren) der Bundesländer stellten im Jahre 1957 ebenfalls Richtlinien für die Förderung der Studenten in ihren Ländern auf und faßten diese einige Male neu. Z.Zt. gelten folgende Regelungen:

10. Bekanntmachung über den Vollzug des Bayerischen Begabtenförderungsgesetzes (bayRichtl) v. 24. Nov. 1966[3]; Erlaß über die Förderung der Studenten an den wissenschaftlichen Hochschulen des Landes Hessen (heRichtl) v. 16. Sept. 1966[4]; Richtlinien für die Förderung von Studenten an der Universität Hamburg (hmbRichtl) v. 23. Aug. 1966[5]; Richtlinien 1967 für die Förderung der Studenten an den wissenschaft-

---

[1] Vgl. *Brade-Tupetz* A 1 S. 2.

[2] Unveröffentlicht; Geschäftszeichen III 5—312831/1. In dieser Schrift wird die letzte Fassung zugrunde gelegt, da die BBewBed im wesentlichen gleich geblieben sind; auf Änderungen wird ggfs hingewiesen.

[3] bayABlKM 1967, 146.

[4] heABl. 873; *Seipp-Fritzsche*, heSchulrecht XIV D I 1.

[5] Mitteilungsblatt der Schulbehörde der Freien und Hansestadt Hamburg 119.

lichen Hochschulen des Landes Niedersachsen (ndsRichtl) v. 29. Aug.
1966[6]; Richtlinien für die Förderung der Studenten an den Universitäten und der Rheinisch-Westfälischen Technischen Hochschule Aachen
des Landes Nordrhein-Westfalen (nwRichtl) v. 17. Okt. 1966[7]; Richtlinien für die Förderung der Studenten an der Johannes Gutenberg-
Universität in Mainz (rhpfRichtl) v. 25. Okt. 1965[8]; Richtlinien für die
Förderung von Studenten an der Universität des Saarlandes (saRichtl)
v. 24. Okt. 1966[9]; Richtlinien für die Vergabe von Stipendien und Darlehen zur Förderung von Studenten an der Christian-Albrechts-Uni-
versität Kiel (schlhRichtl) v. 4. Nov. 1966[10]. Das Kultusministerium des
Landes Baden-Württemberg[11] und der Senator für Wissenschaft und
Kunst von Berlin[12] haben durch Erlasse v. 3. Okt. 1966 und v. 28. Sept.
1966 die BBewBed für verbindlich erklärt; diese gelten demnach in
diesen beiden Ländern zugleich als LRichtl.

Die BBewBed und LRichtl stimmten schon immer weitgehend und
zT sogar wörtlich überein. Am 4. Juni 1964 einigten sich Bund und
Länder in dem „Verwaltungsabkommen zur Förderung von Wissenschaft und Forschung" (Verwaltungsabkommen)[13] darüber, die Vorschriften für die Studentenförderung im gegenseitigen Einverständnis zu erlassen. Seitdem entsprechen sich die BBewBed und die LRichtl
völlig.

Auf Grund dieser Vorschriften wird die Studentenförderung seit
dem 1. Juli 1957 durchgeführt[14]. Es wurden im Rechnungsjahr

1957/58	=	18,0 %,
1958/59	=	19,2 %,
1959/60	=	17,2 %,
1960	=	15,7 %,
1961	=	14,9 %,
1962	=	15,2 %,
1963	=	14,4 %,
1964	=	16,8 %,
1965	=	etwa 16,0 %

aller Studenten nach dem Honnefer Modell gefördert[15].

---

[6] ndsMinBl. 925.

[7] nwABlKM 349; *Seipp-Haugg*, nwSchulrecht 47, 21.

[8] rhpfABlKM 418; geändert am 7. Jan. 1966 (rhpfABlKM 44) und am
11. Okt. 1966 (rhpfABlKM 679).

[9] Amtliches Schulblatt des Saarlandes 1967, 17.

[10] NBl. KM Schl.-H. 347.

[11] H 1252/500.

[12] S. Dienstblatt III des Senats von Berlin, Nr. 90, S. 291.

[13] S. Bulletin des Presse- und Informationsamtes der Bundesregierung
1964, 813.

[14] Vgl. *Oehler:* DUZ 1961, H. 10, S. 7; *Scheidemann* 360 und *v. Rundstedt* 5.

§ 7 Aufbringung und Verteilung der Mittel

Die Mittel für dieses Förderungsmodell bringen Bund und Länder gemeinsam auf. Gezahlt wurden im Rechnungsjahr

1957/58	vom Bund	23,9 Mio DM,
	von den Ländern	11,4 Mio DM,
1958/59	vom Bund	35,9 Mio DM,
	von den Ländern	18,4 Mio DM,
1959/60	vom Bund	39,3 Mio DM,
	von den Ländern	19,8 Mio DM,
1960	vom Bund	25,3 Mio DM,
	von den Ländern	17,5 Mio DM,
1961	vom Bund	40,5 Mio DM,
	von den Ländern	25,6 Mio DM,
1962	vom Bund	37,2 Mio DM,
	von den Ländern	34,3 Mio DM,
1963	vom Bund	35,9 Mio DM
	von den Ländern	34,5 Mio DM[16].

Bereits 1963 finanzierten 23,7 % aller Studenten ihr Studium aus öffentlichen Mitteln, und der Anteil der Werkstudenten betrug nur noch 22 %[17].

Bis zum Jahre 1964 wurde diese gemeinsame Finanzierung ohne schriftliche Regelung durchgeführt. Das „Verwaltungsabkommen" bestimmt, daß Bund und Länder die Mittel für das Honnefer Modell einschließlich der hierfür erforderlichen Verwaltungskosten des Deutschen Studentenwerkes gemeinschaftlich je zur Hälfte aufbringen. Bund und Länder wandten im Jahre 1965 je 110 Mio DM und im Jahre 1966 je 124,8 Mio DM für die Studentenförderung auf.

Zweites Kapitel

Darstellung der Studentenförderung im einzelnen

§ 8 Voraussetzungen für die Aufnahme in das Honnefer Modell

Nach den BBewBed und LRichtl können deutsche und ihnen rechtlich gleichgestellte Studenten, die an einer wissenschaftlichen Hochschule in der Bundesrepublik Deutschland oder in Westberlin immatrikuliert

---

[15] S. *Bundesbericht Forschung* I 14, 66, s.a. *Scheidemann* 360 und den Bericht des VDS: „Begründung und Vorschläge zur Abänderung der Bemessungsgrundlage bei der Allgemeinen Studienförderung an wissenschaftlichen Hochschulen im Bundesgebiet": DUZ 1961, H. 3, S. 44.

[16] S. *Bundesbericht Forschung* I 66.

[17] Das ergibt sich aus dem Bericht: „Die soziale Lage der Studenten": RWS 1964, 125 f.

sind[18], in die Studentenförderung nach dem Honnefer Modell aufgenommen werden, wenn sie geeignet und wirtschaftlich bedürftig sind[19]. Zugewanderte Studenten — d. h. deutsche Staatsangehörige und Volkszugehörige, die ihren Wohnsitz außerhalb der Bundesrepublik Deutschland und Westberlins hatten bzw. kriegsgefangen oder interniert waren, und Asylberechtigte iSd § 28 AusländerG — können auch nach dem Honnefer Modell gefördert werden[20]. Ausgeschlossen sind Studenten, die das 40. Lebensjahr vollendet haben[19], sowie idR diejenigen, welche bereits eine Hochschulausbildung abgeschlossen haben[21].

Geeignet sind Studenten, die gute Leistungen zeigen oder erwarten lassen[22]. Dies muß unter Berücksichtigung ihrer charakterlichen Reife, ihrer fachlichen Leistung und ihres Verständnisses für die Umwelt entschieden werden[22]. Wer zum Studium als ordentlicher Studierender zugelassen ist, gilt als geeignet und kann in die Anfangsförderung aufgenommen werden[23]. Vor Aufnahme in die Hauptförderung ist eine Eignungsprüfung vor Hochschullehrern abzulegen[24]. Erforderlichenfalls ist die Eignung noch einmal zu überprüfen[25]. Zwischenzeugnisse und Leistungsbescheinigungen sind dem Förderungsausschuß vorzulegen; weiterhin sind die Meldung zur Abschlußprüfung und deren Ergebnis mitzuteilen[26].

Wirtschaftlich bedürftig ist ein Student, wenn es ihm und seinen Unterhaltspflichtigen nicht zuzumuten ist, die vollen Studienkosten aufzubringen[27]. Dabei ist es zumutbar, daß der Student die Einkünfte

---

[18] Auch ein Auslandsstudium kann uU gefördert werden; s. BBewBed A III 3 b.

[19] S. BBewBed A II 1. In dieser Schrift werden der Einfachheit halber die BBewBed und nicht die ihnen entsprechenden LRichtl zitiert, obgleich nur die jeweiligen LRichtl als Sonderverordnungen Rechtsgrundlage für die Studentenförderung sind (s.u. § 24), während die BBewBed als Verwaltungsverordnung anzusehen sind (s.u. § 40 B).

[20] S. BBewBed G. Dieser Personenkreis wird unter ähnlichen Voraussetzungen wie die übrigen Studenten unterstützt. Bei Feststellung der Eignung und Bedürftigkeit wird jedoch die besondere Lage der Zuwanderer berücksichtigt.

[21] S. BBewBed A III 5 b.

[22] Vgl. BBewBed A II 2.

[23] S. BBewBed B II; bis 1964 bildete das Hochschulzugangszeugnis und ggfs ein angefordertes Gutachten der zuletzt besuchten Schule die Grundlage für die Aufnahme in die Anfangsförderung (ndsRichtl 1963 B II 1).

[24] S. BBewBed B III 1; z.Zt. ist zB an der Univ. Mstr eine Prüfung durch zwei Hochschullehrer erforderlich.

[25] S. BBewBed B IV 2.

[26] S. BBewBed B IV 1.

[27] Vgl. BBewBed A II 3.

aus eigener Arbeit während der Hauptförderung, soweit sie eine gewisse Summe übersteigen, und andere regelmäßige Einkünfte sowie die Ausbildungsbeihilfen auf Grund anderer Rechtsnormen für sein Studium verwendet[28]. Außergewöhnliche Belastungen und besondere Umstände sind angemessen zu berücksichtigen[29]. Den nach §§ 1601, 1608 und 1360 BGB Unterhaltsverpflichteten des Studenten wird zugemutet, die Hälfte des Betrages für den Studenten und eventuell seine studierenden Geschwister zu zahlen, der nach Abzug gewisser Sätze für den Unterhaltspflichtigen, ggfs seinen Ehegatten und seine anderen unversorgten Kinder, übrigbleibt[30]. Da nur festgestellt werden soll, was den Unterhaltspflichtigen zuzumuten ist, kommt es nicht darauf an, ob sie diesen Betrag tatsächlich zahlen[31]; ebensowenig sind Dauer und Ausmaß der Unterhaltspflicht nach dem BGB entscheidend[31]. Auch bezüglich des Unterhaltsverpflichteten sind besondere Belastungen oder außergewöhnliche Umstände angemessen zu berüchsichtigen[32]. Das Vermögen des Studenten oder seiner Unterhaltsverpflichteten ist ebenfalls in zumutbaren Grenzen für das Studium zu verwerten[33].

§ 9 Art der Förderung

Wenn die Summe der anzurechnenden Beträge den Förderungsmeßbetrag — d. i. die Geldsumme, die einem Studenten monatlich zur Verfügung stehen soll, — von 290.—DM[34] nicht erreicht, wird der geeignete Student in die Förderung aufgenommen[35]. Er erhält monatlich die Differenz zwischen dem Förderungsmeßbetrag und den anzurechnenden Beträgen[36].

---

[28] S. BBewBed C II.

[29] S. BBewBed C II 5.

[30] S. BBewBed C III.

[31] S. BBewBed C III 1.

[32] S. BBewBed C III 4.

[33] S. BBewBed C V.

[34] S. BBewBed A III 1 a. Zunächst waren es 200.— DM (ndsRichtl 1957 II 4b [ndsMinBl. 1957, 542]), vom 1. 1. 1961—31. 3. 1964 245.— DM (ndsRichtl 1960 II 4b [ndsMinBl. 1960, 927]) während der Hauptförderung und 150.— DM (ndsRichtl 1957 II 4a), vom 1. 1. 1961—31. 3. 1964 195.— DM (ndsRichtl 1960 II 4a) für die Anfangsförderung sowie vom 1. 4. 1964—31. 12. 1965 allgemein 250.— DM (nwRichtl 1964 1 A II 1a). 30.— DM sind abzuziehen, wenn der Student während des Semesters bei seinen Eltern wohnt und nicht mehr als 50.— DM Fahrtkosten monatlich hat (s. BBewBed A III 1 b). Bis 1962 konnten bis zu 70.— DM abgezogen werden (ndsRichtl 1961 C 4 [ndsMinBl. 1961, 839]).

[35] S. BBewBed C I 1.

[36] S. BBewBed C I 1. Bei einem Auslandsstudium während der Hauptförderung erhält der Student eine höhere Summe; BBewBed C I 4.

Dieser Zuschuß wird ihm in den ersten beiden Studiensemestern als Stipendium, anschließend zu 3/5 als Stipendium und zu 2/5 als langfristiges zinsloses Darlehen[37] gewährt[38].

Während der ersten drei Fachsemester befindet sich der Student in der Anfangs-, anschließend in der Hauptförderung. In der Anfangsförderung erhält er die Zuwendungen nur während der Vorlesungsmonate sowie für je einen vorlesungsfreien Monat in dem zweiten und dritten Semester, später dagegen auch während der vorlesungsfreien Zeit[39].

Die höchstzulässige Förderungsdauer richtet sich entweder nach der in den Prüfungsordnungen vorgesehenen Studienzeit oder nach einer abweichenden generellen Entscheidung der Hochschule; für jedes Studienfach ist in den BBewBed und LRichtl eine Höchstförderungsdauer festgesetzt worden[40]. UU ist eine verlängerte Förderung beim Wechsel des Studienfachs möglich[41]. Ein bereits in die Förderung aufgenommener Student wird durch einen Hochschulwechsel nicht daraus ausgeschlossen[42].

Wer durch Stipendien und Darlehen gefördert wird, erhält auch Gebührenerlaß[43].

§ 10 Abwicklung der Förderung durch die Förderungsausschüsse und Studentenwerke

Über die Aufnahme in die Förderung entscheidet die Hochschule durch von ihr gebildete Förderungsausschüsse, denen mindestens je ein Vertreter des Lehrkörpers — als Vorsitzender —, der Studentenschaft und des Studentenwerkes der Hochschule angehören[44].

Der Bewerber muß zunächst innerhalb einer bestimmten Frist einen Antrag stellen, in dem er und seine Unterhaltsverpflichteten Angaben

---

[37] S. BBewBed A I und E.

[38] S. BBewBed A III 1 c; bis zum Jahre 1964 wurden nur während der zwei letzten Semester die Zuschüsse zur Hälfte als Darlehen gezahlt; vgl. noch ndsRichtl 1963 A III 2d (ndsMinBl. 1963, 405). Wenn das Darlehen insgesamt eine Höhe von 2.500.— DM erreicht hat, werden die weiteren Zuschüsse als Stipendien gezahlt. Besteht der Geförderte die Abschlußprüfung, so wird das Darlehen um den 1.500.— DM übersteigenden Betrag gekürzt. Somit braucht ein nach dem Honnefer Modell geförderter Student idR höchstens 1.500.— DM zurückzuzahlen.

[39] S. BBewBed A III 2, 3.

[40] S. BBewBed D I und II.

[41] S. BBewBed D III.

[42] S. BBewBed A IV 7a.

[43] S. zB nwRichtl 1 A II 4.

[44] S. BBewBed A IV 1.

über ihre Vermögenslage machen sowie die notwendigen Nachweise dafür erbringen müssen[45]. Sie sind verpflichtet, eingetretene Änderungen unverzüglich mitzuteilen[46].

Wenn der Förderungsausschuß einen Studenten aufnehmen will, bewilligt er den Förderungsbetrag nach Maßgabe der vorhandenen Mittel und erteilt dem Antragsteller einen schriftlichen Bescheid[47]. Wer einen zu hohen Förderungsbetrag erhalten hat, muß ihn zurückzahlen oder verrechnen lassen, es sei denn, er oder seine Unterhaltspflichtigen hätten die Überzahlung nicht verschuldet und die Rückzahlung wäre eine besondere Härte für ihn[48]. Wird ein Antrag abgelehnt, so kann der Bewerber ihn für die Zeit der Anfangs- und Hauptförderung jeweils einmal wiederholen, wenn er wegen mangelnder Eignung nicht aufgenommen worden ist, und ihn jederzeit erneut stellen, wenn sich seine oder seiner Unterhaltspflichtigen Vermögenslage verschlechtert hat[49].

Das örtliche Studentenwerk nimmt den Antrag entgegen[50], bereitet die Entscheidung des Förderungsausschusses vor, führt die Förderungsakten[51] und prüft die Voraussetzungen für die wirtschaftliche Bedürftigkeit[52]. Ist der Student in die Förderung aufgenommen, so zahlt ihm das Studentenwerk die Stipendien und Darlehen monatlich im voraus[53].

---

[45] S. BBewBed A IV 2 b.
[46] S. BBewBed A IV 2 c.
[47] S. BBewBed A IV 3 a.
[48] S. BBewBed A IV 5.
[49] S. BBewBed A IV 6.
[50] S. BBewBed A IV 2 a.
[51] Beim Hochschulwechsel sind die Förderungsakten an das Studentenwerk der zZt besuchten Hochschule zu übergeben; jedoch werden die Förderungsbeträge für das laufende Kalenderjahr noch von dem zuerst zuständigen Studentenwerk gezahlt; s. BBewBed A IV 7 b.
[52] S. BBewBed A IV 3 b.
[53] S. BBewBed A IV 3 b und 4.

Zweiter Teil

Rechtscharakter der
Studentenförderung nach dem Honnefer Modell

Erster Abschnitt

Begriff

Durch das Honnefer Modell werden den Studenten in der oben dargestellten Weise staatliche Geldmittel zur Verfügung gestellt. Es liegt daher nahe, daß die Aufnahme in die Förderung als Leistungsverwaltung — und zwar als Förderungsverwaltung — anzusehen ist.

Erstes Kapitel

Öffentliche Verwaltung

Es ist demnach zu untersuchen, ob die Gewährung der Zuschüsse öffentliche Verwaltung ist.

§ 11 Begriffsbestimmung

Was unter „öffentlicher Verwaltung" zu verstehen ist, ist streitig.

Früher wurde sie allgemein als Tätigkeit der Verwaltung, die weder Gesetzgebung noch Rechtsprechung ist, bezeichnet[1]. *Peters*[2] versteht unter Verwaltung die Verwirklichung der Staatszwecke für den Einzelfall. Demgegenüber sieht *Huber*[3] öffentliche Verwaltung als „alle Tätigkeit administrativer Organe" an, „mit der die politische, soziale und rechtliche Gesamtordnung unter dem Vorrang des Gemeinwohls im Rahmen der Gesetze gesichert und entfaltet wird". Nach *v. Turegg*-

---

[1] S. zB *Fleiner* 4; ähnlich *Merk* I 87, der aber außerdem noch einige Kriterien hinzunimmt, die mit der unten dargestellten *Wolff*'schen Definition übereinstimmen.

[2] S. 5.

[3] I S. 109.

Kraus[4] ist „öffentliche Verwaltung iS des Verwaltungsrechts ... die Tätigkeit des Staates, der sonstigen Gemeinwesen und der weiteren hierfür zuständigen Stellen zur Verwirklichung der staatlichen Zwecke unter der staatlichen Rechtsordnung, die nicht Gesetzgebung oder Rechtsprechung oder Regierungstätigkeit oder fiskalisches Handeln ist und öffentliche Angelegenheiten zum Gegenstand hat, die nach einer bestimmten Ordnung ausgeführt und besorgt werden". *Wolff*[5] definiert die „öffentliche Verwaltung im materiellen Sinne" als „die mannigfache, zweckbestimmte, nur teilplanende, selbstbeteiligt durchführende und gestaltende Wahrnehmung der Angelegenheiten von Gemeinwesen und ihrer Mitglieder als solcher durch die dafür bestellten Sachwalter des Gemeinwesens".

Bevor entschieden werden kann, ob eine dieser Definitionen zutrifft, sind zunächst die Merkmale aufzuzählen, die eine solche Definition enthalten muß. Die öffentliche Verwaltung ist nicht nur gegen das Handeln von Privatpersonen, sondern auch gegen Gesetzgebung, Regierung und Rechtsprechung abzugrenzen. Sie muß angeben, wer verwalten kann, und das Merkmal „öffentlich" erklären.

Betrachtet man die zuerst genannte nur negative Abgrenzung, so befriedigt sie deshalb nicht, weil man, um den Begriff der öffentlichen Verwaltung zu bestimmen, zunächst Gesetzgebung und Rechtsprechung definieren muß. Außerdem ermöglicht sie keine Unterscheidung von Verwaltung und Regierung.

Wollte man mit *Peters* Verwaltung als Verwirklichung der Staatszwecke für den Einzelfall verstehen, so könnte man Verwaltung nicht von Rechtsprechung unterscheiden, denn auch das Urteil des Richters über Recht oder Unrecht konkretisiert einen Staatszweck im Einzelfall. Nach dieser Meinung könnte auch ein Lebensmittelhändler — also eine Privatperson — verwalten, da er den Staatszweck der Versorgung der Bevölkerung mit Lebensmitteln verwirklicht. Folglich erweist sich auch *Peters'* Definition nicht als geeignet zur Bestimmung des Begriffes „Verwaltung".

Huber scheint zu erklären, wer verwaltet, wenn er Verwaltung als Tätigkeit administrativer Organe bezeichnet. Da „administrativ" jedoch „verwaltend" bedeutet, führt er keine Klärung herbei. Somit vermag auch seine Definition nicht zu überzeugen.

Wenn nach *v. Turegg-Kraus* Verwaltung als Tätigkeit der zuständigen Stelle anzusehen ist, so wird in dieser Definition verkannt, daß

---

[4] S. 19.
[5] I § 2 II c.

zwar die Rechtmäßigkeit einer Verwaltungsmaßnahme davon abhängt, ob die zuständige Stelle gehandelt hat, nicht aber die Entscheidung darüber, ob öffentliche Verwaltung gegeben ist. Außerdem kann man das Merkmal „öffentlich" nicht durch „öffentliche Angelegenheiten" erklären. Dieser Definition kann also ebenfalls nicht gefolgt werden.

Wolff grenzt Verwalten vom Handeln der Privatpersonen dadurch ab, daß er als Verwaltung die Handlungen der dafür bestellten Sachwalter des Gemeinwesens, d. h. der Amtswalter eines jeden Trägers öffentlicher Verwaltung, ansieht. Da er das Handeln der Verwaltenden als zweckbestimmt, nur teilplanend, durchführend und gestaltend bezeichnet, trifft er eine klare Unterscheidung von Gesetzgebung und Regierung, die die Richtlinien für dieses Handeln geben, und von der Rechtsprechung, die darüber entscheidet, was Rechtens ist. Das Begriffsmerkmal „öffentlich" wird geklärt, indem darunter nur Angelegenheiten der Gemeinwesen und ihrer Mitglieder als solcher, nicht dagegen Belange der Mitglieder als Privatpersonen verstanden werden.

Da die *Wolff*'sche Definition im Gegensatz zu den anderen alle Merkmale, die eine solche Begriffsbestimmung aufweisen muß, enthält, soll sie für die Untersuchung der Frage, ob die Förderung der Studenten nach dem Honnefer Modell öffentliche Verwaltung ist, zugrunde gelegt werden.

§ 12 Subsumtion der Studentenförderung

A. Studentenförderung als öffentiche Angelegenheit

Ob die Förderung der Studenten eine Angelegenheit des Gemeinwesens oder seiner Mitglieder als solcher ist, richtet sich danach, ob sie im Interesse der Allgemeinheit liegt oder nur die Individualinteressen der einzelnen geförderten Studenten befriedigt[6]. Das hängt u. a. von den Lebensbedingungen eines Volkes, wie seiner wirtschaftlichen und kulturellen Situation, und von seinen anerkannten Staatszwecken ab[7]. Die Tatsache, daß durch die Studentenförderung dem einzelnen ein Studium ermöglicht oder erleichtert wird, daß also der einzelne Vorteile genießt, könnte darauf hindeuten, das Honnefer Modell betreffe nur die Interessen der einzelnen geförderten Studenten, nicht aber die der Allgemeinheit. Es ist jedoch zu berücksichtigen, daß die Träger öffentlicher Verwaltung heute weitgehend dem einzelnen Leistungen ge-

---

[6] S. Hans *Klein* 759; vgl. *Wolff* I § 2 II b 1 β und § 29 III b 1.
[7] Vgl. *Wolff* I § 3 III a und d.

währen und darin eine ihrer wichtigsten Aufgaben sehen[8]. Außerdem benötigt der Staat mehr Akademiker, und auch die Hochschulen haben ein Interesse daran, daß sich alle geeigneten Studenten dem Studium unbeeinträchtigt vom Zwang zur Werkarbeit widmen können[9]. Aus alledem ergibt sich, daß die Studentenförderung nicht nur im Interesse der Studenten liegt, sondern auch für die Allgemeinheit von Bedeutung ist. Daraus folgt, daß ein „besonderes öffentliches Interesse" iS von *Wolff*[10] an ihr besteht. Somit ist sie eine öffentliche Angelegenheit[11].

B. Studentenförderung durch Sachwalter eines Trägers öffentlicher Verwaltung

Die Förderung der Studenten ist dann Teil der öffentlichen Verwaltung, wenn sie von Sachwaltern eines Trägers öffentlicher Verwaltung durchgeführt wird. Um das zu entscheiden, ist zunächst zu prüfen, wer das Honnefer Modell „zweckbestimmt, nur teilplanend, selbstbeteiligt" durchführt und gestaltet[12]; anschließend ist festzustellen, ob der Verwaltende Sachwalter eines Trägers öffentlicher Verwaltung ist.

I. Der Verwaltende

Die Förderungsausschüsse der Hochschule entscheiden über die Aufnahme eines Studenten in die Förderung, führen sie also selbstbeteiligt und gestaltend durch. Weil die Art und die Voraussetzungen der Förderung durch die BBewBed und LRichtl bestimmt sind, ist die Tätigkeit der Förderungsausschüsse zweckbestimmt und nur teilplanend[13].

Sie verwalten also die Studentenförderung nach dem Honnefer Modell. Der Bundesminister des Inneren und die Kultusminister (-senatoren) der Länder planen demgegenüber die Studentenförderung und setzen ihre Zwecke fest, indem sie Art, Ausmaß und Voraussetzungen der Förderungen in den BBewBed und LRichtl regeln, während das Studentenwerk bei der Auszahlung der Stipendien und Darlehen nur

---

[8] Vgl. *Forsthoff* I 1, 3 und *Bachof:* VVDStRL 12, 63.

[9] S. *Oehler:* DUZ 1961, H. 10, S. 7; *Thieme,* Recht und Pflicht 15; s.a. *Beinhardt* 611.

[10] I § 29 III b 1.

[11] S. *Tupetz* 41 f. und *Wolff* III § 155 III a; vgl. auch OVG Bln v. 23. Mai 1962 (I a B 11.61): RWS 1963, 152 und OLG Köln v. 28. Juli 1966 (10 U 29/66): NJW 1967, 735 (736).

[12] Vgl. *Wolff* I § 2 II c.

[13] Vgl. *Wolff* I § 3 I b und § 18 II a.

wie eine Bank handelt, die eine Anweisung ausführt, und im übrigen
nur Hilfsfunktionen wahrnimmt[14].

II. Die Mitglieder des Förderungsausschusses
als Sachwalter eines Trägers öffentlicher Verwaltung

Die Mitglieder der Förderungsausschüsse wären Sachwalter eines
Trägers öffentlicher Verwaltung, wenn sie für einen solchen — also
idR für eine Juristische Person des öffentlichen Rechts — bei der Förderung der Studenten handelten. Als Träger öffentlicher Gewalt, für
die die Mitglieder handeln, kämen der Förderungsausschuß oder die
Hochschule in Betracht.

a) Förderungsausschuß — Träger öffentlicher Gewalt?

Der Förderungsausschuß wäre eine Juristische Person des öffentlichen Rechts, wenn er auf Grund einer Norm gebildet worden wäre,
derzufolge die öffentliche Aufgabe der Studentenförderung von einem
neuen Rechtsträger wahrzunehmen wäre[15]. Die BBewBed und LRichtl
übertragen die einzelne Entscheidung über die Gewährung der Studentenförderung nicht den Förderungsausschüssen, sondern den Hochschulen. Diese haben auf Grund dieser Vorschriften die Förderungsausschüsse gebildet, um die ihnen übertragene Aufgabe durchzuführen.
Daraus ergibt sich, daß die Förderungsausschüsse nicht Träger von
Rechten und Pflichten, also keine Juristischen Personen des öffentlichen
Rechts sind.

b) Sachwalter der Hochschule

Die Mitglieder der Förderungsausschüsse könnten Sachwalter eines
Trägers öffentlicher Verwaltung sein, wenn die Hochschule eine Juristische Person des öffentlichen Rechts wäre und wenn ihr das Handeln
der Mitglieder der Förderungsausschüsse zuzurechnen wäre.

1. Die Hochschule als Juristische Person des öffentlichen Rechts

Bevor der Rechtscharakter der Hochschule festgelegt werden kann,
ist zu prüfen, welche Einrichtungen *wissenschaftliche* Hochschulen sind.
Im Ergebnis herrscht darüber zwar Einigkeit[16]; gleichwohl läßt sich eine

---

14 Vgl. BBewBed A IV 3 b.
15 S. *Merk* I 386.
16 Wissenschaftliche Hochschulen sind Universitäten, Technische, Tierärzt-
liche, Landwirtschaftliche und Forstwirtschaftliche Hochschulen, Handels- und
Wirtschaftshochschulen sowie die Bergakademien; s. zB OVG Kbl. v. 13. Febr.

klare Begriffsbestimmung nur schwer finden. Hauptzweck einer wissenschaftlichen Hochschule ist die Pflege der Wissenschaft, d. h. das Bemühen um die Erkenntnis und die Verbreitung der Wahrheit[17]. Dies erfordert ein Zusammenwirken von Forschung und Lehre[18]. Damit korrespondieren Lehr- und Lernfreiheit[19]. Die wissenschaftliche Ausbildung — nicht die Berufsausbildung — ist demnach Hauptziel der wissenschaftlichen Hochschule[20]. Indizien dafür, daß eine Einrichtung wissenschaftliche Hochschule ist, sind Rektoratsverfassung sowie Promotions- und Habilitationsrecht[21].

Die so gekennzeichneten wissenschaftlichen Hochschulen sind seit jeher und nach allgemeiner Meinung Juristische Personen des öffentlichen Rechts[22].

1963 (2 A 9/62): RWS 1963, 250 (251); *Wende* 12 f.; *Peters* 411, Anm. 1; *Thieme* 1, Anm. 2 u. 3 und *Wolff* II § 93 I b, c; s.a. § 105 BRRG. — In Bayern, Hessen, Hamburg, Nordrhein-Westfalen und Schleswig-Holstein sind auch die Pädagogischen und in Bayern die staatlichen Philosophisch-Theologischen Hochschulen als wissenschaftliche Hochschulen anerkannt (vgl. zB § 1 des Gesetzes über die Errichtung von Pädagogischen Hochschulen im Lande Nordrhein-Westfalen v. 9. Juni 1965; nwGVBl. 156; und § 1 des Gesetzes über die Pädagogischen Hochschulen des Landes Schleswig-Holstein v. 30. März 1967; schlhGVBl. 115). Da dies jedoch nicht in allen Bundesländern geschehen ist und in den meisten Ländern — zB auch in Nordrhein-Westfalen — für die Förderung der Studierenden an den Pädagogischen Hochschulen gesonderte Richtlinien erlassen worden sind, werden die PHs im Interesse der Übersichtlichkeit in dieser Schrift nicht besonders berücksichtigt.

[17] S. *Köttgen* 22; *Thieme* 2 f. u. *Wolff* II § 93 I b.

[18] Vgl. *Wende* 5 und *Thieme* 5.

[19] S. die in Anm. 16 genannte Entscheidung des OVG Kbl.

[20] S. die oa Entscheidung des OVG Kbl. und *Wolff* II § 93 I.

[21] S. *Wende* 6; *Thieme* 6 und *Wolff* II § 93 I b.

[22] S. *Mayer* II 338; *Köttgen* 39; *Peters* 413; *Köttgen*: Die Grundrechte II 323; *Thieme* 98; *Wolff*, Rechtsgestalt 20; *ders.*, II § 93 II; *Uhlig* 230 und OVG Mstr v. 8. Sept. 1966 (V A 243/65): DVBl. 1967, 160 (163). Streitig ist lediglich, ob sie selbständige Anstalten oder Körperschaften sind.
Da die Hochschulen ihre Mittel im wesentlichen vom Staat erhalten, dieser großen Einfluß auf ihre Verwaltung hat und angeblich zumindest die Studenten die Stellung von Benutzern der Einrichtung „Hochschule" haben, werden die wissenschaftlichen Hochschulen zT als Anstalten des öffentlichen Rechts angesehen. So zB *Mayer* II 338 f.; *Peters* 413; *Forsthoff* 428; *v. Turregg-Kraus* 684; s.a. OVG Lbg v. 5. Dez. 1961 (II A 108/60): RWS 1962, 79.
Da die Hochschule ihre wesentliche Aufgabe, die wissenschaftliche Forschung gem. Art. 5 III GG, aber unabhängig wahrnehmen kann, das Recht der Selbstverwaltung hat sowie alle ihr angehörenden Personen — auch die Studenten — durch ihre Beteiligung an der akademischen Selbstverwaltung Einfluß auf ihre Verwaltung nehmen können, wird die wissenschaftliche Hochschule auch als Körperschaft des öffentlichen Rechts charakterisiert. So zB von *Köttgen* 44; *Mang* II 221; *Köttgen*: Die Grundrechte II 326 f.; *Schneider* 751; *Thieme* 100 ff.; *Wolff*, Rechtsgestalt 13 ff.; *ders.* II § 93 I b und II; *Thieme*: RWS 1961, 260 f. und *Uhlig* 230. Vgl. auch § 2 rhpfGesetz über die Verfassung und Verwaltung der Johannes-Gutenberg Universität in

2. Handeln der Mitglieder des Förderungsausschusses für die Hochschule

Da die Mitglieder des Förderungsausschusses in ihrer Gesamtheit als Förderungsausschuß tätig werden, ist ihr Handeln der Hochschule zuzurechnen, wenn der Förderungsausschuß für die Hochschule tätig wird.

Wäre der Förderungsausschuß ein Organ der Hochschule, so würde seine Maßnahme als Handlung der Hochschule gelten[23]. Das wäre der Fall, wenn die Förderungsausschüsse eigene Zuständigkeiten wahrnähmen und unmittelbar für die Hochschule, nicht jedoch für eines ihrer Organe, handelten[24]. Die BBewBed und LRichtl übertragen den Förderungsausschüssen die Entscheidung über die Aufnahme in die Förderung[25]; somit kommt den Ausschüssen ein eigener Aufgabenbereich zu. Da die Hochschulen die Verantwortung für die Entscheidung des Förderungsausschusses gem. BBewBed und LRichtl tragen[26], handeln die Förderungsausschüsse ohne Zwischenschaltung eines anderen Organs unmittelbar für die Hochschule.

Somit sind die Förderungsausschüsse Organe der Hochschule[27], und das Handeln ihrer Mitglieder wird der Hochschule zugerechnet.

C. Ergebnis

Da die Förderung der Studenten eine öffentliche Angelegenheit ist, die von den Mitgliedern der Förderungsausschüsse als Sachwaltern des Trägers öffentlicher Verwaltung „Hochschule" durchgeführt wird, ist die Studentenförderung Teil der öffentlichen Verwaltung.

Mainz v. 6. März 1961 (rhpfGVBl. 47) und § 1 des Gesetzes über die wissenschaftlichen Hochschulen des Landes Hessen v. 16. Mai 1966 (heGVBl. 121) sowie § 1 der Satzung der Freien Universität Berlin v. 4. Nov. 1948; § 5 der Satzung der Universität Heidelberg v. 25. Febr. 1952; § 3 des Verfassungsentwurfes der Technischen Hochschule Braunschweig v. 1. Aug. 1952; § 2 I der Grundordnung der Universität Freiburg v. 23. Juni 1954/10. Juni 1956; § 1 des Gesetzes über die Technische Universität Berlin v. 12. Juli 1956; Art. 1 Satz 2 der Satzung der Universität Erlangen-Nürnberg v. 19. Sept. 1958; § 2 I der Verfassung der Universität Bonn v. 27. Juni 1960; § 2 I der Verfassung der Technischen Hochschule Aachen v. 7. Nov. 1960 (alle zitiert bei *Bley* 41); § 2 I der Verfassung der Universität Münster v. 8. Nov. 1960 (nwABlKM 180); § 2 II der Verfassung der Universität München und § 2 der Verfassung der Technischen Hochschule Karlsruhe (zitiert bei *Thieme* 99).

[23] S. *Wolff* II § 74 I f.
[24] S. *Peters* 115 f. und *Wolff* II § 74 I f. 6.
[25] S. BBewBed A IV 1 und 3 a.
[26] S. BBewBed A IV 1; s.a. *Scheidemann* 360 und *Tupetz* 41.
[27] So auch *Tupetz* 41; *Sofsky*: RWS 1964, 229 und *Wolff* III § 155 III e 1.

Zweites Kapitel

Leistungsverwaltung

Weil den Studenten, die in das Honnefer Modell aufgenommen worden sind, Geldzuschüsse gewährt werden, liegt die Annahme nahe, daß die Studentenförderung Teil der Leistungsverwaltung ist.

§ 13 Begriffsbestimmung

Zunächst ist zu klären, was unter Leistungsverwaltung zu verstehen ist.

Man könnte sie entsprechend ihrer Wortbedeutung als diejenige öffentliche Verwaltung bezeichnen, die der Allgemeinheit oder einzelnen Mitgliedern des Gemeinwesens Vorteile oder Nutzen bringt. Das würde aber dazu führen, daß jede Verwaltung Leistungsverwaltung wäre[28], denn auch die Ordnungsbehörde hilft dem Gestörten, indem sie gegen den Störer einschreitet. Da der Sinn einer solchen Definition darin liegt, eine Abgrenzung der Leistungsverwaltung von den anderen Verwaltungsarten, insbes. von der Ordnungsverwaltung, zu ermöglichen, ist diese weite Definition unbrauchbar.

Nach einer anderen — negativen — Begriffsbestimmung ist Leistungsverwaltung jede Verwaltung, die nicht (Eingriffs- oder besser) Ordnungs-[29] oder Bedarfsverwaltung ist[30]. Der Nachteil dieser negativen Definition besteht darin, daß man zur Bestimmung des Begriffs „Leistungsverwaltung" den der Ordnungs- und Bedarfsverwaltung klären muß.

Um diese Unzulänglichkeiten zu vermeiden, werden positive Definitionen gesucht. *Forsthoff*[31] faßt die Funktionen der leistenden Verwaltung unter dem Begriff der Daseinsvorsorge zusammen und rechnet zu ihr alle Leistungen der Verwaltung an die Staatsgenossen[32]. Damit

---

[28] So *Becker* 109 f. Auch die Definition von *Wolff* im I. Band seines Lehrbuches, § 3 II b 2, führt zu diesem Ergebnis, denn auch die ordnende Verwaltung „sorgt für die Lebensmöglichkeit ... der Mitglieder des Gemeinwesens". Dasselbe gilt für *Beinhardt* 612, da auch die ordnende Verwaltung „in Erfüllung ihrer Verwaltungszwecke das Gemeinwohl verwirklicht".

[29] Ordnende und leistende Verwaltung sind das Gegensatzpaar, das sich auf den Tätigkeitsgehalt bezieht, während eingreifende und pflegende Verwaltung die Tätigkeitsform charakterisieren; s. *Lepsien 45; Wolff* I § 3 II b, c und III § 137 II b.

[30] Vgl. *Klüber* 827 f. und *Lepsien* 41.

[31] S. 321 ff.

[32] Vgl. *Forsthoff* S. 323 und *ders.*, Rechtsfragen 12 f.

umschreibt er Leistungsverwaltung durch „Leistungen gewährende
Verwaltung", schafft also keine Klarheit.

Badura[33], der ordnende, lenkende und leistende Verwaltung unterscheidet, sieht als Leistungsverwaltung die Maßnahmen an, die lediglich die Bedürfnisbefriedigung der Leistungsempfänger bezwecken.
Demgegenüber bezeichnet er als Lenkungsverwaltung alle Maßnahmen,
die zur Erreichung eines wirtschaftlichen und sozialpolitischen Zieles
dienen sollen.

Diese Abgrenzung nach dem Verwaltungszweck ist zu unbestimmt,
zumal bei Fehlen objektiver Anhaltspunkte die subjektive Vorstellung
der Organwalter ermittelt werden muß. Außerdem befriedigt *Baduras*
Definition der Leistungsverwaltung auch deshalb nicht, weil sie zu eng
ist. Sie erfaßt nämlich nur die Versorgung mit unbedingt lebensnot-
wendigen Dingen, weil mit allen darüber hinausgehenden Zuwendungen irgendein sozialpolitischer Zweck erreicht werden soll. Dieser
enge Begriff der Leistungsverwaltung erscheint wenig sinnvoll, weil
es für den begünstigten Einzelnen im allgemeinen gleichgültig ist, ob
die Verwaltungsbehörde auch noch irgendeinen anderen Zweck mit der
Leistung an ihn verbindet[34].

Um den Begriff der Leistungsverwaltung definieren zu können, ist
in der Rechtslehre versucht worden, die Unterschiede zwischen leistender und ordnender Verwaltung herauszuarbeiten.

So wird gesagt, die Leistungsverwaltung gewähre unmittelbare, die
ordnende dagegen nur mittelbare Vorteile[35]. Da dies bei Erlaubnissen
und bei einigen Subventionsarten, wie zB Bürgschaften und Refinanzie-
rungszusagen[36] nicht zutrifft[37], ist diese Unterscheidung zur Abgrenzung von Leistungs- und Ordnungsverwaltung nicht geeignet[38].

Nach aM soll die ordnende Verwaltung der Bewahrung, die leistende der Veränderung des status quo des einzelnen dienen[39]. Diese
Differenzierung paßt bei vielen Subventionen nicht, da sie gerade eine
Veränderung — d. h. eine Verschlechterung — des status quo verhindern
sollen[40].

---

[33] S. 630.
[34] Vgl. *Wolff* III § 137 II c 5.
[35] S. *Klüber* 827; *v. Turegg-Kraus* 23 und *Wolff* III § 137 II c.
[36] S. *Wolff* III § 154 II b 4, 5.
[37] Vgl. *Lepsien* 45.
[38] Wenn *Wolff* (III § 137 II c 2) als unmittelbare Vorteile alle die ansieht,
welche über die Ordnungs- und Bedarfsverwaltung hinausgehen, so umfaßt seine Definition zwar die gesamte Leistungsverwaltung, ist letztlich
aber nur eine Umschreibung der negativen Begriffsbestimmung.
[39] Vgl. *Lepsien* 46.
[40] S. *Wolff* III § 137 II c 4.

Als weitere Unterscheidungsmöglichkeit wird angeführt, daß bei der Leistungsverwaltung die Anwendung von Zwang ein akzidentales und bei der ordnenden Verwaltung ein essentiales Merkmal sei[41]. Diese Abgrenzung ist jedoch zu unscharf, um im Einzelfall eine klare Unterscheidung ermöglichen zu können.

Weiter wird behauptet, bei der leistenden, nicht aber bei der ordnenden Verwaltung stehe einer Leistung eine Gegenleistung gegenüber[42]. Daß diese Argumentation nicht immer zutrifft, zeigt sich zB bei der Enteignung und der dafür zu zahlenden Entschädigung, bei der es sich unstreitig um eine Maßnahme der ordnenden Verwaltung handelt.

Die bisher genannten Unterscheidungsmerkmale ermöglichen also nicht in allen Fällen eine zutreffende Abgrenzung von ordnender und leistender Verwaltung.

Man könnte versuchen, diese beiden Arten der Verwaltung nach den mit ihnen verfolgten Zwecken zu unterscheiden. Die Ordungsverwaltung, die die öffentliche Sicherheit und Ordnung gewährleisten will, dient in erster Linie dem Schutz des Gemeinwesens. Damit sichert sie gleichzeitig aber auch die einzelnen Mitglieder, indem sie dafür sorgt, daß diese ihre Interessen ohne Störungen verfolgen können. Sie ermöglicht den einzelnen also, ihre Angelegenheiten ungehindert selbst wahrzunehmen. Demgegenüber fördert die leistende Verwaltung durch die Gewährung von Vorteilen die Interessenverfolgung der einzelnen. Da aber auch in dem Schutz der einzelnen vor Störungen eine Förderung der Verfolgung ihrer Interessen liegt, muß man, will man die Leistungsverwaltung nach dem mit ihr verfolgten Zweck definieren, zum Ausdruck bringen, daß sie die Verfolgung der Interessen einzelner oder aller Mitglieder des Gemeinwesens fördert, aber nicht die Maßnahmen umfaßt, durch die Mitgliedern des Gemeinwesens lediglich ermöglicht wird, ungestört selbst ihre Angelegenheiten zu besorgen.

Eine derartige Umschreibung entspricht zwar letztlich der negativen Definition der Leistungsverwaltung, hat ihr gegenüber aber den Vorteil, daß sich aus ihr der Unterschied zwischen Ordnungs- und Leistungsverwaltung ergibt und es nicht erforderlich ist, den Begriff der ordnenden Verwaltung zu definieren.

Deshalb möchte ich Leistungsverwaltung verstehen als diejenige öffentliche Verwaltung, die einzelnen oder allen Mitgliedern des Ge-

---

[41] S. *Lepsien* 47 f.
[42] Vgl. *Lepsien* 48 f.

4*

meinwesens Vorteile gewährt, um deren Interessenverfolgung zu fördern, soweit sie sich nicht im Schutz gegen Störungen erschöpft[43].

§ 14 Studentenförderung als Teil der Leistungsverwaltung

Im folgenden soll anhand dieser Definition untersucht werden, ob die Studentenförderung zur Leistungsverwaltung gehört.

Oben ist dargestellt worden, daß die Förderung der Studenten nach dem Honnefer Modell Teil der öffentlichen Verwaltung ist[44]. Da der Förderungsausschuß der Hochschule den Studenten Geldzuschüsse bewilligt, gewährt er ihnen, d. h. einzelnen Mitgliedern des Gemeinwesens, Vorteile. Er fördert auch die Verfolgung ihrer Interessen, da er ihnen die Aufnahme oder Fortsetzung eines Studiums ermöglicht oder erleichtert. Die Maßnahme des Förderungsausschusses soll den Studenten dagegen nicht vor Störungen bei der Abwicklung seines Studiums schützen.

Somit ist die Förderung der Studenten nach dem Honnefer Modell Teil der Leistungsverwaltung[45].

Drittes Kapitel

Förderungsverwaltung

§ 15 Förderungsverwaltung und andere Arten der Leistungsverwaltung

Die Leistungsverwaltung wird nach ihren verschiedenen Aufgaben untergliedert in die vorsorgende, sozialverwaltende und fördernde Verwaltung[46]. Es soll nunmehr geprüft werden, zu welcher Gruppe das Honnefer Modell gehört.

Unter Vorsorgeverwaltung ist die Bereitstellung solcher „Einrichtungen, auf die die Mitglieder des Gemeinwesens in ihrer Gesamtheit

---

[43] Eine Abgrenzung zwischen Leistungs- und Bedarfsverwaltung braucht in dieser — anders als in der herkömmlichen negativen — Definition nicht vorgenommen zu werden, da mit der Bereitstellung persönlicher oder sachlicher Mittel durch die Bedarfsverwaltung nicht die Interessenverfolgung der Mitglieder eines Gemeinwesens als solcher, sondern nur diejenige der Allgemeinheit gefördert wird.

[44] S.o. § 12.

[45] Ebenso zB OVG Bln v. 23. Mai 1962 (I a B 11. 61): RWS 1963, 152.

[46] Diese Aufteilung entspricht *Wolff* III § 137 III b und ist für diese Schrift übernommen worden, weil sie begrifflich klar und so umfassend ist, daß alle von *Becker* 109 ff. und von *Menger:* DVBl. 1960, 298 aufgezählten Punkte in dieses Schema eingeordnet werden können.

angewiesen sind", wie die Kommunikations-, Versorgungs- und Ent-
sorgungs-, Unterrichts- und Bildungseinrichtungen sowie solche der
Gesundheitspflege zu verstehen[47].

Die Sozialverwaltung sorgt „für die Existenzsicherung der Mitglieder
des Gemeinwesens als einzelne" und zwar als Sozialversicherung, -ver-
sorgung und -hilfe im weiteren Sinne[48].

Aufgabe der Förderungsverwaltung ist „die Strukturverbesserung
einzelner Lebensbereiche", und zwar durch Subventionen oder durch
sonstige Förderungen[49].

§ 16 Einordnung der Studentenförderung

Da das Honnefer Modell nicht für alle Mitglieder des Gemeinwesens
geschaffen ist, sondern nur für die Studenten an wissenschaftlichen
Hochschulen, ist die Studentenförderung kein Teil der Vorsorgeverwaltung. Weil die Studenten ihre Existenz durch Aufnahme einer
Erwerbstätigkeit selbst sichern könnten, gehört das Honnefer Modell
nicht zur Sozialverwaltung.

Das Honnefer Modell gibt jungen Menschen die Möglichkeit zu
studieren. Zudem sollen die Studenten weitgehend vom Zwang zur
Werkarbeit befreit werden, um ein hochschulgerechtes Studium führen
zu können. Infolge der allgemeinen Studentenförderung erhöhte sich
die Zahl der Studierenden. Daher dient das Honnefer Modell der
Strukturverbesserung dieses Lebensbereichs, ist folglich Teil der Förderungsverwaltung.

§ 17 Studentenförderung als „sonstige" Förderung

Es bleibt noch zu klären, ob die Förderung der Studenten eine
Subvention oder eine sonstige Förderungsmaßnahme ist.

Faßt man den Begriff der Subvention so weit, daß darunter jede Zuwendung an eine Privatperson fällt, mit der ein im öffentlichen Inter-

---

[47] S. *Wolff* III § 137 III b 1; *Becker* 110 bezeichnet diese Einrichtungen als
soziale, kulturelle und wirtschaftliche Leistungen im Rahmen der Daseinsvorsorge, während *Menger:* DVBl. 1960, 298 sie soziale, wirtschaftliche und
kulturelle Vorsorge nennt.
[48] S. *Wolff* III § 137 III b 2; *Becker* 110 nennt diese Maßnahmen öffentliche Versicherung, Versorgung und Fürsorge und rechnet die beiden ersten
Gruppen zur Daseinsvorsorge; *Menger:* DVBl. 1960, 298 unterscheidet soziale
Vorsorge, Versorgung und Fürsorge.
[49] S. *Wolff* III § 137 III b 3; *Becker* 111 bezeichnet diese Maßnahmen als
Einzelförderung auf kulturellem und wirtschaftlichem Gebiet; dagegen erwähnt *Menger:* DVBl. 1960, 298 sie nicht.

esse liegender Zweck verfolgt wird[50], so ist auch die Studentenförderung nach dem Honnefer Modell eine Subvention, da sie einem solchen
Zwecke dient[51]. Diese Definition ist aber so weit, daß sie sogar die
Sozialverwaltung umfaßt. Sie erscheint daher nicht geeignet, die Subvention von anderen Arten der Förderungsverwaltung abzugrenzen.

Sieht man als Subventionen jedoch nur solche Zuwendungen an, die
einem Unternehmer geleistet werden[52], oder nur Einzelförderungen auf
wirtschaftlichem Gebiet[53], dann gehört die Studentenförderung nicht
zu den Subventionen. Auch nach *Wolff*[54], der nur die Zuwendungen
als Subventionen ansieht, die den Empfänger instandsetzen, „Bedürf-
nisse der übrigen Mitglieder des Gemeinwesens zu befriedigen", ist die
Förderung der Studenten keine Subvention, da sie das Geld zur
Deckung ihres eigenen Lebensbedarfes erhalten.

Es ist daher der Ansicht zu folgen, daß die Studentenförderung nach
dem Honnefer Modell keine Subvention, sondern eine sonstige Förderung ist[55].

---

[50] So BVwG v. 19. Dez. 1958 (VII C 204/57): NJW 1959, 1098; saOVG v.
6. Mai 1959 (I M 13/57): DöV 1959, 708 und *Jesch* 178, der Stipendien für
Studenten ausdrücklich als Subventionen bezeichnet; ebenso *Friauf* 735;
ähnlich auch *Janknecht* 8.

[51] S.o. § 12 A.

[52] So *Scheuner*: VVDStRL 11, 40 und *Ipsen*, Subventionierung 8.

[53] So *Becker* 111.

[54] III § 137 III b 3 α und § 154 I a.

[55] So ausdrücklich *Wolff* III § 137 III b 3 β und § 155; vgl. auch *Becker*
111 Anm. 77, der Stipendien als Einzelförderungen auf kulturellem Gebiet
im Gegensatz zu den Subventionen als Einzelförderungen auf wirtschaftlichem Gebiet bezeichnet.

Zweiter Abschnitt

Rechtsgrundlage

Nachdem der Begriff der Studentenförderung geklärt ist, stellt sich nunmehr die Frage nach den Rechtsgrundlagen für diese Zuwendungen.

Erstes Kapitel

Erfordernis einer Rechtsgrundlage

Zunächst soll geprüft werden, ob Bund und Länder für die Förderung der Studenten überhaupt einer Rechtsgrundlage bedürfen und welcher Art diese ggfs sein muß[1].

§ 18 Entbehrlichkeit
einer materiellgesetzlichen Ermächtigungsgrundlage

Ein Gesetz in materiellem Sinne, d. h. eine von der Legislative erlassene oder ermächtigte abstrakte, generelle, allgemein verbindliche Norm[2] könnte erforderlich sein, um der Verwaltung eine Rechtsgrundlage für die Zuwendungen an Studenten zu geben. Da die Studentenförderung Teil der Leistungsverwaltung ist[3], stellt sich die Frage allgemeiner dahin, ob die Verwaltung Leistungen auch ohne materiellgesetzliche Ermächtigungsgrundlage gewähren darf. Früher war dies allgemein anerkannt, heute wird es jedoch bestritten[4].

Das Erfordernis einer materiellgesetzlichen Grundlage auch für die Leistungsverwaltung wird zT damit begründet, daß der Staat nichts zu verschenken habe[5]. Dieses Argument überzeugt nicht. Die von der

---

[1] Erst im 3. Kapitel dieses Abschnittes wird untersucht werden, ob die BBewBed und LRichtl als Rechtsgrundlage in Betracht kommen, da diese Vorschriften überwiegend als Verwaltungsverordnungen angesehen werden. S. zB OVG Bln v. 23. Mai 1962 (I a B 11. 61): RWS 1963, 152 (152 f.); *Sofsky* 154; aM *Brintzinger* 729 und *Klein:* SchrHS 11, 171 sowie neuerdings für die LRichtl *Wolff* III § 155 III b 3.

[2] S. *Jesch* 13 und *Wolff* I § 24 II b 1 β, αα.

[3] S.o. § 14.

[4] Unentschieden BVfG v. 6. Mai 1958 (2 BvL 37/56; 11/57): E 8, 155 (167).

[5] So zB *Köttgen:* DVBl. 1953, 487 und *Ipsen,* Subventionierung 20, 33.

Verwaltung ohne gesetzliche Grundlage erbrachten Leistungen sind nämlich ebensowenig Geschenke wie die gesetzlich vorgesehenen Zuwendungen. Denn es ist zu berücksichtigen, daß die Verwaltung, auch wenn sie leistend tätig wird, nur im öffentlichen Interesse liegende Maßnahmen treffen darf[6]. Befriedigt eine Leistung aber zumindest auch ein öffentliches Interesse, so kann man sie nicht nur als Geschenk an den Begünstigten ansehen.

Das Erfordernis einer materiellgesetzlichen Grundlage für die Leistungsverwaltung wird auch aus dem in Art. 20 III GG enthaltenen Gesetzmäßigkeitsprinzip entnommen[7]. Dieses Prinzip besagt jedoch nur, daß die Verwaltung nicht contra legem handeln darf[8]. Aus diesem Grundsatz läßt sich mithin nicht ableiten, ob und wie die Verwaltung tätig werden darf, wenn es an einer gesetzlichen Grundlage fehlt. Anderenfalls wird der Grundsatz der Gesetzmäßigkeit der Verwaltung mit dem des Vorbehaltes des Gesetzes verwechselt.

Dieses Prinzip besagt, daß die Träger öffentlicher Verwaltung Maßnahmen gegen Zivilpersonen nur dann treffen dürfen, wenn und soweit dies gesetzlich vorgesehen ist[9]. Das Prinzip des Vorbehaltes des Gesetzes gilt unstreitig im Bereich der Eingriffsverwaltung[9]. ZT wird es aber auch auf jegliches Verwaltungshandeln angewendet[10]. Dieser Meinung kann nicht zugestimmt werden. Zwar ist es selbstverständlich, daß der einzelne in einem gewaltengegliederten Rechtsstaat Eingriffe in seine Rechts- und Freiheitssphäre nur auf Grund eines Gesetzes zu dulden braucht[11]. Das ergibt sich insbes. aus Art. 2 I und 14 GG. Bei Leistungen — soweit sie nicht mit Eingriffen verbunden sind — besteht dieser Grund aber nicht, weil der einzelne begünstigt wird[12].

Zudem wird behauptet, die Gerechtigkeit verlange eine materiellgesetzliche Regelung auch der Leistungsverwaltung[13]. Da die Verwal-

---

[6] S.o. § 11.

[7] S. zB *Küchenhoff* 203.

[8] S. heVGH v. 29. Nov. 1962 (OS V 18/60): ESVGH 14, 50; *Ule*: DVBl. 1955, 773; *Mallmann* 182 und *Jesch* 190.

[9] S. *Wolff* I § 30 III b.

[10] S. zB *Huber* I 59; *Hamann*, Wirtschaftsverfassungsrecht 41 und *Imboden* 67.

[11] Vgl. *Wolff* I § 30 III a.

[12] S. zB OVG Mstr v. 20. März 1962 (II A 557/60): DÖV 1962, 552. Bei der Leistungsverwaltung gilt der Vorbehalt des Gesetzes jedoch, wenn mit einer Vergünstigung Belastungen verbunden sind, die nicht nur ihre Modalitäten betreffen; s.u. § 29 G; s.a. BVwG v. 21. März 1958 (VII C 6.57): E 6, 282 (288); v. 19. Dez. 1958 (VII C 204/57): NJW 1959, 1098 und *Wolff* III § 138 III c 1.

[13] S. *Bellstedt* 164.

tung gem. Art. 20 III GG an das Recht gebunden ist, muß sie ebenso wie der Gesetzgeber den sich aus dem Rechtsprinzip ergebenden Rechtsgrundsatz der Gerechtigkeit[14] beachten[15]. Folglich läßt sich aus diesem Rechtsgrundsatz nicht herleiten, daß die Verwaltung nur auf Grund einer gesetzlichen Ermächtigungsgrundlage Leistungen verteilen darf.

Wer dieses Erfordernis aus dem Gleichbehandlungsgebot des Art. 3 I GG herleiten will[16], verkennt, daß sich aus dem Prinzip der Gesetzmäßigkeit der Verwaltung auch die Bindung der Verwaltungsbehörden an die Grundrechte ergibt[17]. Somit gilt Art. 3 I GG für die Verwaltung, gleichgültig, ob sie gesetzesanwendend oder -frei tätig wird.

Die Gewährung von Leistungen der Verwaltung nur auf gesetzlicher Grundlage könnte wegen der besseren Judiziabilität erforderlich sein. Aber auch diese Erwägung ist nicht stichhaltig, da die Träger öffentlicher Verwaltung wegen des Gesetzmäßigkeitsprinzips bei der gesetzesfreien Verwaltung gleichfalls an die Grundrechte, Zuständigkeitsregelungen[18], Rechtsgrundsätze und verfassunggestaltenden Grundentscheidungen[19] gebunden sind und insoweit verwaltungsgerichtlicher Kontrolle unterliegen[20].

Man könnte noch anführen, die Rechtssicherheit verlange, daß auch die Leistungsverwaltung gesetzlich geregelt werde. Zwar ist zuzugeben, daß die Rechtssicherheit größer ist, wenn die Träger öffentlicher Verwaltung Leistungen nicht aus freiem Entschluß, sondern auf Grund gesetzlicher Bindung gewähren. Es darf aber nicht unberücksichtigt bleiben, daß die Träger öffentlicher Verwaltung Leistungen oft zur Abwendung plötzlich auftretender Krisen verteilen. Dann ist ein schnelles Eingreifen geboten. Da bis zum Erlaß eines Gesetzes jeweils eine längere Zeit verginge, während die Verwaltung sofort helfen kann, erscheint es angebracht, daß die Träger öffentlicher Verwaltung auch ohne gesetzliche Grundlage Leistungen gewähren können[20]. Somit darf das Prinzip der Rechtssicherheit bei der Leistungsverwaltung nicht ausschlaggebend sein. Es kann daher keinen allgemeinen Gesetzesvorbehalt für die leistende Verwaltung begründen.

---

[14] S. *Wolff* I § 25 I a 1.

[15] Vgl. auch *Wolff* I § 30 II b 3 α.

[16] So *Spanner* 12 und *Bellstedt* 164.

[17] Vgl. *Köttgen*, Spielraum 44 und *Wolff* I § 30 II b 3 α, γγ.

[18] S. BVwG v. 19. Dez. 1958 (VII C 204/57): DöV 1959, 706 (708) und BVwG v. 12. Juni 1964 (VII C 146. 63): E 18, 352 (353).

[19] S. *Köttgen*, Spielraum 44 und *Wolff* I § 30 II b; III § 138 III b.

[20] S. *Wolff* III § 138 III b.

Das Erfordernis einer materiellgesetzlichen Bindung der leistung-
gewährenden Verwaltung begründet *Mallmann*[21] damit, daß dem einzelnen ein Anspruch auf die Leistungen gegeben werden müsse und
dies nur durch ein Gesetz möglich sei. Dieser Argumentation ist sicher-
lich zuzugeben, daß es für den einzelnen günstig ist, wenn er einen
Rechtsanspruch auf eine Leistung hat. Daraus kann man aber nicht
schließen, daß ohne gesetzliche Grundlage keine Leistungen gewährt
werden dürfen. Denn es ist für den einzelnen durchaus vorteilhaft,
überhaupt Zuwendungen zu erhalten, auch wenn kein gesetzlich be-
gründeter Anspruch besteht.

Mallmann[22] stützt seine These weiterhin darauf, daß durch eine
Leistung an eine Zivilperson andere, die diese Zuwendung nicht erhalten, benachteiligt würden. Da auch die gesetzesfreie Verwaltung an
Art. 3 I GG gebunden ist, muß sie gleiche Sachverhalte gleich behandeln. Somit ist mit der Leistungsverwaltung keine Benachteiligung
eines nicht geförderten Dritten verbunden, da man eine solche nur
annehmen könnte, wenn von zwei Zivilpersonen in gleicher Lage nur
eine unterstützt würde.

Ferner versucht *Mallmann*[21] die Notwendigkeit einer Ermächtigungsgrundlage bei der Leistungsverwaltung damit zu erklären, daß auch
bei staatlichen Zuwendungen verschiedene Interessen koordiniert werden müssen; dies könne allein — oder jedenfalls besser — der Gesetzgeber. Diese Argumentation läßt unberücksichtigt, daß eine Behörde,
welche die jeweilige Notlage erkennt, wohl eher aus den verschiedenen
möglichen Maßnahmen die geeignete aussuchen und wirkungsvoll helfen kann, wenn sie frei ist, als wenn sie durch ein allgemeines Gesetz
gebunden ist.

Nach *Mallmann*[21] soll die materiellgesetzliche Regelung der Leistungsverwaltung im übrigen eine „Schranke des Müssens" für die
Verwaltungsbehörden errichten, so daß sie nicht dem Druck der Verbände ausgesetzt seien, die immer höhere Zuwendungen forderten. Die
Interessenverbände wenden sich aber auch an die Ministerien, welche
die meisten Gesetze entwerfen, und an die Volksvertreter[23]. Da diese —
im Gegensatz zu den Verwaltungbehörden — mit Rücksicht auf die
Wahlen evtl. von den Interessenverbänden abhängig sind, spricht dieses Argument gerade gegen einen allgemeinen Gesetzesvorbehalt.

Es wird auch behauptet, daß es eine Entwertung des Gesetzgebers
bedeute, wenn die Träger öffentlicher Verwaltung Leistungen ohne

---

[21] S. 192.
[22] S. 185, 191.
[23] Vgl. heVGH v. 29. Nov. 1962 (OS V 18/60): ESVGH 14, 50 (57) und *Wolff*
III § 138 III b.

materiellgesetzliche Grundlage gewähren dürfen[24]. Diese Meinung vermag deshalb nicht zu überzeugen, weil es dem Gesetzgeber unbenommen bleibt, die Leistungsverwaltung gesetzlich zu regeln.

Scupin[25] weist zu Recht darauf hin, daß sich die staatliche Macht auch im Erbringen von Leistungen äußert. Daraus läßt sich m. E. aber kein Gesetzesvorbehalt für die Leistungsverwaltung herleiten[26], da die Staatsgewalt nicht nur vom Gesetzgeber, sondern auch von Verwaltung und Rechtsprechung ausgeübt wird.

Als Hauptargument für das Erfordernis einer gesetzlichen Ermächtigungsgrundlage der Leistungsverwaltung wird das in Art. 20 I GG konkretisierte demokratische Prinzip[27] angeführt. Es soll nach dieser Meinung besagen, daß jegliches staatliche Handeln — also auch die leistende Verwaltung — durch ein Gesetz in formellem und materiellem Sinne von der Legislative zugelassen oder veranlaßt sein müsse[28], weil nur die Legislative demokratisch legitimiert sei. Demgegenüber ist darauf hinzuweisen, daß gem. Art. 20 II 1 GG *alle* Staatsgewalt — also auch die Verwaltung — vom Volke ausgeht.

Deshalb ist auch aus dem demokratischen Prinzip kein allgemeiner Gesetzesvorbehalt für die Leistungsverwaltung herzuleiten[29].

Mithin ergibt sich aus keinem der genannten Argumente, daß Leistungsverwaltung generell nur auf Grund eines materiellen Gesetzes zulässig ist.

Gegen dieses Erfordernis sprechen auch folgende Überlegungen:

Seit jeher durfte die Verwaltung Leistungen ohne gesetzliche Grundlage gewähren. Hätte das Grundgesetz diese Rechtslage ändern wollen, so hätte eine entsprechende Vorschrift in die Verfassung aufgenommen werden müssen[30].

Zudem würde eine gesetzliche Regelung der gesamten Leistungsverwaltung zu einer weiteren Überforderung des Gesetzgebers führen. Die Gesetze müßten entweder sehr viel Kasuistik enthalten, die schnell überholt wäre, oder aber unbestimmte Gesetzesbegriffe schaffen, die kaum größere Rechtssicherheit böten[20].

---

[24] Vgl. *Jesch* 205.
[25] VVDStRL 16, 264.
[26] So aber *Scupin* aaO.
[27] S. *Mallmann* 193 und *Spanner* 15.
[28] Vgl. *Menger*: VwArch. 1961, 197.
[29] So auch heVGH v. 29. Nov. 1962 (OS V 18/60): ESVGH 14, 50 (57) und *Friauf* 736. S. auch u. § 19.
[30] So ist es zB durch Art. 18 I der Bundesverfassung in Österreich geschehen; vgl. *Peters*: Fschr. f. Hans *Huber* 206.

Weiterhin würde eine umfassende gesetzliche Normierung der Gewährung von Leistungen der Verwaltung viel von ihrer Eigenständig-
keit nehmen und damit das Gewaltenteilungsprinzip verletzen[31].

Im übrigen ergibt ein Umkehrschluß zu Art. 115 S. 2 GG[32], daß für
Kreditgewährungen, deren Wirkung auf ein Jahr beschränkt ist, keine
gesetzliche Ermächtigungsgrundlage erforderlich ist. Daraus läßt sich
schließen, daß das Grundgesetz nicht schlechthin eine gesetzliche Regelung der Leistungsverwaltung fordert.

Gegen die Notwendigkeit einer spezialgesetzlichen Rechtsgrundlage
für die Leistungsverwaltung spricht zudem sehr stark der oben bereits
genannte Gesichtspunkt, daß dadurch Beweglichkeit und Initiative der
Verwaltungsbehörden derart eingeschränkt würden, daß sie oft nicht
mehr rechtzeitig und wirkungsvoll helfen könnten[33].

Aus alledem ist zu ersehen, daß nicht jede Leistungsverwaltung
einer materiellgesetzlichen Ermächtigungsgrundlage bedarf. Da jedoch
für die Eingriffsverwaltung der Vorbehalt des Gesetzes gilt, ist auch
für die Leistungsverwaltung, soweit sie in der Form der eingreifenden
Verwaltung abgewickelt wird[34], eine materiellgesetzliche Ermächtigungsgrundlage erforderlich. Das ist insbes. der Fall, wenn mit einer
Leistung Belastungen verbunden sind, die nicht nur ihre Modalitäten
betreffen[12]. Außerdem ist es der Verwaltung mit Rücksicht auf Art. 20
III GG idR verwehrt, zusätzlich Leistungen zu gewähren, sofern der
Gesetzgeber einen Kompetenzbereich bereits erschöpfend kodifiziert
hat[35].

Im übrigen darf die Verwaltung jedoch Leistungen — wie zB die
Studentenförderung — auch ohne materiell- und formellgesetzliche
Ermächtigungsgrundlage erbringen.

§ 19 Notwendigkeit des Ansatzes der Mittel in den Haushaltsplänen

Wenn nun auch festgestellt worden ist, daß die Studentenförderung
als Teil der Leistungsverwaltung ohne ein Gesetz in materiellem Sinne
zulässig ist, so ist damit noch nichts darüber ausgesagt, ob die Träger

---

[31] Vgl. heVGH v. 29. Nov. 1962 (OS V 18/60): ESVGH 14, 50 (58); *Peters:*
Fschr. f. Hans *Huber* 214 und *Wolff* I § 17 IV; III § 138 III b.

[32] „Kreditgewährungen und Sicherheitsleistungen zu Lasten des Bundes,
deren Wirkung über ein Rechnungsjahr hinausgeht, dürfen nur auf Grund
eines Bundesgesetzes erfolgen."

[33] S. die oa Entscheidung des heVGH aaO S. 60 und *Wolff* III § 138 III b.

[34] S.o. § 13, Anm. 29.

[35] S. *Wolff* III § 138 III c 2.

öffentlicher Verwaltung ohne Rechtsgrundlage Leistungen erbringen dürfen.

Die Leistungen werden nämlich aus Steuermitteln gewährt, so daß ein mittelbarer Eingriff in die Rechte der Steuerzahler vorliegt. Seit jeher ist es das Recht der Volksvertretung, über die Verwendung dieser Mittel zu bestimmen, indem sie durch das Haushaltsgesetz die im Haushaltsplan angesetzten Mittel bewilligt.

Somit ist jegliche Leistungsverwaltung — und damit auch die Förderung der Studenten — nur zulässig, soweit die dafür notwendigen Mittel in den Haushaltsplänen ausgewiesen sind[36].

§ 20 Erfordernis der Übereinstimmung mit dem Sozialstaatsprinzip

Weiterhin könnte die Freiheit der Träger öffentlicher Verwaltung bei der Leistungsverwaltung — also auch bei der Studentenförderung — insoweit eingeschränkt sein, als nur die von dem Sozialstaatsprinzip geforderten oder zugelassenen Leistungen erbracht werden dürfen.

Dann müßte dieses vor allem in den Art. 20 I und 28 I GG konkretisierte Prinzip inhaltlich hinreichend bestimmt und die Verwaltung daran gebunden sein.

A. Inhalt des Sozialstaatsprinzips

Art. 20 I GG bezeichnet die Bundesrepublik Deutschland als „sozialen Bundesstaat", und Art. 28 I GG verpflichtet die Länder, „soziale Rechtsstaaten" zu sein.

Da im Grundgesetz keine Begriffsbestimmung des Sozialstaates enthalten ist, könnte man versucht sein, diesen Begriff für inhaltlich unausgefüllt, substanzlos und damit für unbeachtlich zu halten[37]. Obwohl zuzugeben ist, daß die Auslegung des Wortes „sozial" schwierig ist, überzeugt diese Argumentation deshalb nicht, weil es in vielen Gesetzen unbestimmte Begriffe gibt, und trotzdem ihre Gültigkeit und die Gebundenheit von Verwaltung und Rechtsprechung an diese Normen nicht zu bezweifeln ist[38].

---

[36] S. zB BVfG v. 19. Juli 1966 (2 BvF 1/65): NJW 1966, 1499 (1501); BVwG v. 21. März 1958 (VII C 6. 57): E 6, 282; v. 19. Juni 1963 (V C 176. 62): DVBl. 1963, 859; OVG Bln v. 23. Mai 1962 (I a B 11. 61): RWS 1963, 152 (153); heVGH v. 29. Nov. 1962 (OS V 18/60): ESVGH 14, 50 (63); *Ipsen:* VVDStRL 19, 268; *Merk:* VVDStRL 19, 276 f.; *Jesch* 227; *Cronau* 76, 170 und *Wolff* III § 138 III c 3.

[37] So *Grewe* 351 und *Herrfahrdt:* Bonner Kommentar Art. 79, Anm. II 3.

[38] So auch *Huber:* DöV 1956, 201; vgl. BVfG v. 17. Aug. 1956 (1 BvG 2/51): E 5, 85 (198).

Versucht man, das Wort „sozial" zu interpretieren, so ist zunächst festzustellen, daß soziales Verhalten gemeinschaftsbezogen und von Rücksichtnahme bestimmt sein muß[39]. Daraus läßt sich schließen, daß alle Mitglieder einer sozialen Gemeinschaft zulassen müssen, daß auf ihre Kosten jedem einzelnen ein menschenwürdiges Dasein ermöglicht wird[40]; denn nur dann kann der einzelne seine Grundrechte ausüben[41]. Nach allgemeiner Ansicht gehört heute zu einem menschenwürdigen Dasein nicht nur, daß das Existenzminimum durch die Versorgung mit Nahrung, Kleidung und Wohnraum sowie durch die Krankenversorgung gewährleistet ist, sondern es ist auch lebenswichtig, daß der einzelne Bildungsmöglichkeiten hat, die seinen Fähigkeiten und seinem Bildungswillen entsprechen[42]. Sobald alle Bevölkerungsgruppen „wirtschaftlich und kulturell lebensfähig"[43] sind, erscheint die Güterverteilung angemessen und sozial gerecht[44].

In welchem Umfange der einzelne unterstützt werden muß, richtet sich danach, was ihm nach der jeweils herrschenden Auffassung an lebenswichtigen Dingen fehlt[45].

Da die Bundesrepublik Deutschland ein Sozialstaat ist, müssen die Träger der öffentlichen Verwaltung die gesellschaftliche Ordnung im Sinne der oben dargestellten Gerechtigkeit gestalten[46].

B. Rechtscharakter des Sozialstaatsprinzips

Um feststellen zu können, ob die Träger öffentlicher Verwaltung bei der Gewährung von Leistungen an das Sozialstaatsprinzip gebunden sind, soll zunächst sein Rechtscharakter geklärt werden.

Es könnte einen unverbindlichen[47] oder lediglich an den Gesetzgeber gerichteten Programmsatz darstellen[48]. Da sich der Inhalt des Prinzips — wie oben angezeigt[49] — ermitteln läßt, besteht kein Grund dafür, die

---

[39] S. *Menger*, Rechtsstaat 24 f. und *Reuss: Reuss-Jantz* 31.

[40] Vgl. *Bogs* 11 f. und *Weisel* 30 f.

[41] S. *Hamann*, Wirtschaftsverfassungsrecht 46; *Menger*: DVBl. 1960, 298 und *Wolff* I § 11 II b 4 und III § 138 I a.

[42] Vgl. *Wolff* I § 11 II b 4; s.a. Art. 128 bayVf, Art. 27 breVf, Art. 11 I bwVf; Art. 59 heVf; Art. 6 I nwVf; Art. 31 rhpfVf und Art. 33 saVf.

[43] S. *Maunz* 67.

[44] S. *Bogs* 11 f.; *Reuss: Reuss-Jantz* 31 und *Forsthoff*, Verfassungsprobleme 10.

[45] Vgl. *Wolff* I § 11 II b 4.

[46] S. *Dürig* 196; *Bachof*: VVDStRL 12, 39 ff.; *Menger*: DVBl. 1960, 298 und *Wolff* I § 11 II b 4.

[47] So zB *Grewe* 351.

[48] Vgl. zB *Forsthoff*: VVDStRL 12, 27.

[49] S.o. § 20 A.

Grundgesetzvorschriften, die dieses Prinzip konkretisieren, als unverbindlich oder nicht existent zu behandeln[50].

Das Sozialstaatsprinzip ergibt sich nicht derart aus dem Rechtsprinzip, daß seine Gültigkeit schlechterdings von niemandem geleugnet werden kann, da auch ein nichtsozialer — zB ein liberaler — Staat ein Rechtsstaat sein kann; somit handelt es sich nicht um einen Rechtsgrundsatz[51].

Mit der Entscheidung des Grundgesetzes, die Bundesrepublik Deutschland sei ein „sozialer Staat", wird die Art der konkreten staatlichen Existenz in der Weise bestimmt, daß sie nach diesem politischen Gestaltungsprinzip ausgerichtet sein soll. Somit ist die Sozialstaatsklausel eine verfassunggestaltende Grundentscheidung[52].

Als solche ist sie zu allgemein, als daß man ihr eine genaue Anordnung entnehmen könnte, wonach ein bestimmter Tatbestand eine bestimmte Rechtsfolge nach sich ziehen müßte[53]. Somit ist das Sozialstaatsprinzip selbst kein Rechtssatz, sondern eine Rechtsquelle, die erst durch Rechtssätze konkretisiert werden muß[54].

C. Bindung der Verwaltung an das Sozialstaatsprinzip

Da die Verwaltung gem. Art. 20 III GG an Gesetz und Recht gebunden ist, muß sie auch die verfassunggestaltenden Grundentscheidungen wahren[55]. Deshalb ist die Förderung der Studenten durch Träger öffentlicher Verwaltung nur dann zulässig, wenn sie dem Sozialstaatsprinzip entspricht[56].

---

[50] So auch zB *Bachof:* VVDStRL 12, 39; *Bogs* 11; *Thieme,* Recht und Pflicht 17 und *Wolff* III § 138 I c.

[51] Zum Begriff des Rechtsgrundsatzes vgl. *Wolff:* Gdschr. f. *Jellinek* 37 ff. und *ders.* I § 25 I. Ob das Sozialstaatsprinzip ein Rechtsgrundsatz ist, soweit es sich auf die Sicherung des Existenzminimums bezieht — so wohl *Weisel* 37 —, mag dahingestellt bleiben, da es — wie oben ausgeführt — auch weitergehende Leistungen des Staates rechtfertigt.

[52] So *Weisel* 43 und *Wolff:* Gdschr. f. *Jellinek* 49 und *ders.* I § 25 II a; III § 138 I b.

[53] Nur dann wäre das Sozialstaatsprinzip ein Rechtssatz; vgl. *Weisel* 14 und *Wolff* I § 24 II b 1 β, αα.

[54] So *Weisel* 16 und *Wolff* I § 25 II c; III § 138 I c; aM *Hamann,* Wirtschaftsverfassungsrecht 46; trotzdem führt er in seinem Kommentar (Art. 20 Anm. 3 a) aus, daß das Sozialstaatsprinzip nicht Ermächtigungsgrundlage für die Verwaltung sei.

[55] S. *Wolff* I § 30 II b 3 β; III § 138 I c.

[56] Vgl. BVwG v. 19. Dez. 1958 (VII C 204/57): DöV 1959, 706 (708); *Bachof:* VVDStRL 12, 63 und 19, 269 f.; *Mertens* 12 und *Wolff* III § 138 III c 4; s.a. *Cronau* 76, 170.

Zusammengefaßt ist also festzustellen, daß die Studentenförderung nach dem Honnefer Modell eine ausreichende Rechtsgrundlage hat, wenn sie von dem Sozialstaatsprinzip gefordert oder zugelassen wird und in den Haushaltsplänen des Bundes und der Länder vorgesehen ist.

Zweites Kapitel

Ausreichende Rechtsgrundlage für das Honnefer Modell durch das Sozialstaatsprinzip und die Haushaltspläne

Im folgenden wird nun geprüft, ob das Honnefer Modell dem Sozialstaatsprinzip und den Haushaltsplänen des Bundes und der Länder entspricht.

§ 21 Übereinstimmung der Studentenförderung mit dem Sozialstaatsprinzip

Da nach dem Sozialstaatsprinzip jedem Bürger die lebenswichtigen Dinge zu gewähren sind[57], rechtfertigt dieses Prinzip die Förderung geeigneter Studenten, wenn nach allgemeiner Auffassung in der heutigen Situation eine Hochschulausbildung für sie lebenswesentlich ist. Oben wurde bereits ausgeführt[57], daß die Sozialstaatsklausel nicht nur das Existenzminimum — wie Kleidung, Nahrung und Wohnraum — gewährleisten, sondern darüber hinaus gerade auch Bildungsmöglichkeiten schaffen will. Deshalb ist zumindest für geeignete Abiturienten ein Hochschulstudium als lebenswichtig anzusehen.

Da nur geeignete Studenten gefördert werden, die ihr Studium nicht selbst oder mit Unterstützung ihrer Unterhaltspflichtigen finanzieren können, entspricht das Honnefer Modell dem Inhalt des Sozialstaatsprinzips[58].

§ 22 Ansatz der Mittel für die Studentenförderung in den Haushaltsplänen des Bundes und der Länder

Die Haushaltspläne des Bundes und der Länder weisen jährlich die Mittel für das Honnefer Modell aus. Diese Haushaltspläne werden gem. Art. 110 II GG und den entsprechenden Bestimmungen der Landesverfassungen[59] durch die Haushaltsgesetze festgestellt[60]. Sie kommen

---

[57] S.o. § 20 A.

[58] So *Brade-Tupetz*, Einleitung 2 ff.; *Thieme*, Recht und Pflicht 18 f.; *Tupetz*: DUZ 1966, H. 10/11, S. 24, 27 und *Wolff* III § 138 I c 4.

[59] S. zB Art. 81 II 2 nwVf.

[60] Vgl. *Cronau* 90.

im förmlichen Gesetzgebungsverfahren zustande und werden in den Gesetzblättern verkündet; sie sind also Gesetze in formellem Sinne[61]. Da die Haushaltspläne durch die Haushaltsgesetze ebenfalls im förmlichen Gesetzgebungsverfahren festgestellt, zT auch veröffentlicht werden[62] und mit ihnen eine Einheit bilden[63], sind auch sie Gesetze in formellem Sinne[61].

Nach dem Wortlaut des Grundgesetzes und der Landesverfassungen werden die Haushaltspläne durch die Haushaltsgesetze lediglich *festgestellt*[64]. Aus der Tatsache, daß in den Art. 111 und 112 GG sowie den entsprechenden Bestimmungen der Landesverfassungen[65] bestimmt wird, unter welchen Voraussetzungen Haushaltsmittel, die nicht in den Haushaltsplänen enthalten sind, ausgegeben werden dürfen, ergibt sich, daß im übrigen die Haushaltsmittel nur entsprechend den Haushaltsplänen verausgabt werden dürfen[66]. Daraus folgt, daß der Haushaltsplan nicht nur eine Feststellung, sondern auch die *Bewilligung* der in ihm ausgewiesenen Mittel enthält[67]. Mithin wird ein Minister, in dessen Etat Mittel für einen bestimmten Zweck enthalten sind, durch den Haushaltsplan von der Volksvertretung *ermächtigt,* die Mittel für diesen Zweck auszugeben[68].

Da die Haushaltspläne des Bundes und der Länder Mittel für die Förderung der Studenten ausweisen, besteht also eine Ermächtigung für den Bundesminister des Inneren und die Kultusminister (-senatoren) der Länder, diese Mittel für die Studentenförderung auszugeben.

Die Haushaltspläne enthalten die Ermächtigung zur Förderung der Studenten aber nicht nur ganz allgemein; man kann ihnen sogar die Ermächtigung zur Studentenförderung nach dem Honnefer Modell, so

---

[61] So auch ausdr. BVfG v. 19. Juli 1966 (2 BvF 1/65): NJW 1966, 1499 (1501); *Rupp:* NJW 1966, 1099 und *Schick* 272.

[62] Eine vollständige Veröffentlichung aller Einzelpläne ist kraft Gewohnheitsrechtes wegen der sonst zu starken Belastung der Gesetzblätter nicht erforderlich, zumal die Öffentlichkeit anderweitig die Möglichkeit zur Kenntnisnahme hat; vgl. BVfG aaO 1501 f.

[63] Vgl. zB BVfG aaO 1501 und *Häberle* 65.

[64] S. zB Art. 110 II 1 GG.

[65] Vgl. zB Art. 82, 85 nwVf.

[66] So ausdr. BVfG aaO 1501; s.o. § 19.

[67] So ausdr. BVfG aaO 1501; s.a. den Wortlaut des Art. 110 II 3 GG.

[68] So BVfG aaO 1501 und auch *Ipsen* auf der Staatsrechtslehrertagung 1966 in Graz, wie sich aus den Berichten von *Weber:* JuS 1966, 499; *ders.:* NJW 1966, 2348 und *Friauf:* DVBl. 1967, 145 ergibt. — Damit ist aber noch nicht entschieden, ob der Haushaltsplan mit *Jesch* 172 als Gesetz in materiellem Sinne anzusehen ist; unentschieden BVfG aaO 1501; dagegen spricht wohl, daß gem. § 24 RHO keine Rechte für Zivilpersonen begründet werden; vgl. *Wolff* III § 162 II c.

wie sie in den BBewBed und LRichtl vorgesehen ist, entnehmen; denn
der Volksvertretung ist beim Erlaß des Haushaltsgesetzes jeweils be-
kannt gewesen, daß die Mittel nach den BBewBed und LRichtl vergeben werden. Wenn sie daraufhin diese Mittel in dem Haushaltsplan
bereitstellt, so billigt sie damit inzidenter auch die Richtlinien[69].

§ 23 Zulässigkeit des Honnefer Modells

Allein auf Grund der Tatsache, daß die Studentenförderung nach
dem Honnefer Modell durch das Sozialstaatsprinzip gedeckt wird und
in den Haushaltsplänen des Bundes und der Länder ausgewiesen ist[70],
kann man noch nicht zu dem abschließenden Ergebnis gelangen, diese
Zuwendungen an Studenten seien trotz fehlender materiellgesetzlicher
Ermächtigungsgrundlage zulässig[71].

Gegen die Zulässigkeit der Vergabe von Darlehen ohne gesetzliche
Ermächtigungsgrundlage ergeben sich nämlich Bedenken aus Art. 115
S. 2 GG, wonach Kredite des Bundes, deren Wirkung über ein Rechnungsjahr hinausgeht, nur auf Grund eines Bundesgesetzes gewährt
werden dürfen. Zwar werden die Darlehen an Studenten jeweils nur
für ein Kalenderjahr — d. h. für ein Rechnungsjahr — bewilligt, zurückzuzahlen sind sie aber erst viel später. Wenn man Art. 115 S. 2 GG
so auslegen wollte, daß unter den dort aufgestellten Gesetzesvobehalt
alle Darlehen fallen, die nicht in demselben Rechnungsjahr zurückzuzahlen sind[72], so wäre die Darlehnsgewährung an Studenten mangels
eines sie regelnden Bundesgesetzes unzulässig. Man muß jedoch berücksichtigen, daß der Sinn dieser Norm darin besteht, den Bundeshaushalt nicht auf Jahre hinaus durch den Haushaltsplan zu belasten.
Dieser Schutzzweck erfordert keine gesetzliche Regelung der Kredit-
vergabe, wenn die Darlehen im laufenden Rechnungsjahr ausgezahlt
werden, weil der Bundeshaushalt später nicht mehr belastet wird.
Somit ist gem. Art. 115 S. 2 GG ein Bundesgesetz nicht erforderlich,
wenn die Kredite innerhalb eines Kalenderjahres gewährt und später
zurückgezahlt werden[73].

Für diese Ansicht spricht im übrigen auch, daß in dem Haushaltsplan,
der sich gem. Art. 110 II GG idR nur auf ein Jahr bezieht, die Volks-

---

[69] *Ipsen* hält den Haushaltsplan für eine Ermächtigung zum Erlaß von
Rechtsverordnungen; s. dazu u. § 24 C und § 25.

[70] S.o. §§ 21 f.

[71] So aber ausdr. BVwG v. 12. Juni 1964 (VII C 146. 63): E 18, 352 (353) und
OVG Bln v. 23. Mai 1962 (I a B 11. 61): RWS 1963, 152 (153); aM *Thieme*,
Recht und Pflicht 16 f.

[72] So *Bühler*: Bonner Kommentar Art. 115, Anm. II 5.

[73] So auch *Vialon* Art. 115 GG, Anm. 15 f. und § 8 b RHO, Anm. 3.

vertretung durch Gesetz die Vergabe dieser Darlehen schon gebilligt hat. Ist aber die Bewilligung der Darlehen in dem durch Gesetz festgestellten Haushaltsplan genehmigt, so kann man diese Darlehen nicht deshalb für unzulässig halten, nur weil kein diesbezügliches *materielles* Gesetz ergangen ist[74].

Somit ist die Studentenförderung nach dem Honnefer Modell durch Stipendien und Darlehen auch ohne gesetzliche Normierung zulässig.

Drittes Kapitel

**Spezialgesetzliche Rechtsgrundlage
für das Honnefer Modell durch die LRichtl und BBewBed?**

Nachdem sich ergeben hat, daß die Förderung der Studenten bereits im Sozialstaatsprinzip und in den Haushaltsplänen des Bundes und der Länder eine ausreichende allgemeine Rechtsgrundlage hat, bleibt zu untersuchen, ob die BBewBed und LRichtl als spezielle Rechtsgrundlage für die Studentenförderung in Betracht kommen. Das hängt von ihrem Rechtscharakter ab.

§ 24 LRichtl — Sonderverordnungen

Die LRichtl sind keine Gesetze in formellem Sinne[75], da die Kultusminister (-senatoren) der Länder, die sie erlassen haben, keine Gesetzgebungsorgane sind.

Weil die LRichtl nicht von den Hochschulen, sondern von den Ländern aufgestellt worden sind, stellen sie auch keine öffentlichrechtlichen Satzungen dar[76].

Man könnte geneigt sein, sie für Rechtsvereinbarungen zu halten[77], weil sie von den Kultusverwaltungen der Länder in gegenseitigem Einvernehmen mit dem Bundesminister des Inneren ergangen sind. Rechtsvereinbarungen könnten sie aber nur sein, wenn sie gemeinsam von dem Bundesminister des Inneren und den Kultusministern (-senatoren) erlassen worden wären. Da dies nicht der Fall ist, sondern jede Kultusverwaltung die Richtlinien für ihr Land aufgestellt hat, be-

---

[74] Vgl. *Vialon* Art. 115 GG, Anm. 15 f.

[75] S. *Jesch* 9 und *Wolff* I § 24 II b 3.

[76] Vgl. *Wolff* I § 25 IX a 1.

[77] Zu dem Begriff s. *Wolff* I § 25 X.

ruhen diese allenfalls auf einer Rechtsvereinbarung — dem Verwaltungsabkommen —, sind selbst aber nicht als solche, sondern als Richtlinien des jeweiligen Landes anzusehen.

A. Abgrenzung von Rechts- und Verwaltungsverordnungen

Die LRichtl können demnach nur Rechts- oder Verwaltungsverordnungen sein; denn sie sind generell, da sie für eine unbestimmte Anzahl von Studenten gelten, und abstrakt, weil sie unbestimmt viele Sachverhalte betreffen[78].

Nach der hM können die LRichtl nur dann Rechtsgrundlage für die Studentenförderung sein, wenn sie Rechtsverordnungen sind, weil nur diese — nicht dagegen Verwaltungsverordnungen — Gesetze in materiellem Sinne darstellen[79].

Gegen diese Unterscheidung wendet sich *Brohm*[80]. Für ihn ist jede abstrakte, generelle Anordnung eines Trägers öffentlicher Verwaltung eine Rechtsverordnung. Er begründet seine Ansicht damit, im Rechtsstaat gäbe es keinen rechtsfreien Raum, und der einzelne sei wegen der in Art. 1 GG gewährleisteten Unverletzlichkeit seiner Würde nie nur Objekt der Staatsgewalt. Diese Überlegungen sind nicht zwingend. Die von ihm befürchteten Konsequenzen werden von der hM dadurch vermieden, daß dem einzelnen durch Verwaltungsverordnungen keine Belastungen auferlegt werden dürfen[81] und daß bei Begünstigungen das Gleichbehandlungsgebot des Art. 3 GG gilt[82]. Wenn in einer Verwaltungsverordnung oder in einem lediglich auf sie gestützten Verwaltungsakt gegen diese Grundsätze verstoßen wird, so kann der einzelne den Verwaltungsakt anfechten[83]. Eine seine Würde verletzende Rechtsbeeinträchtigung kann also letztlich nicht gegeben sein. Deshalb sind mit der hM Verwaltungs- von Rechtsverordnungen zu unterscheiden, zumal anderenfalls Art. 80 GG auch für Verwaltungsverordnungen gelten müßte[84], soweit es sich nicht um die Regelung eines

---

[78] Vgl. *Wolff* I § 45 II c 2 α.

[79] S. zB OVG Lbg v. 5. Dez. 1961 (II A 108/60): RWS 1962, 79; *Forsthoff* 129 und *Wolff* I § 24 II b; § 25 VII, VIII.

[80] 247 ff.

[81] S. zB *Bachof:* VVDStRL 12, 67.

[82] S. *Menger:* VwArch. 1960, 73.

[83] S. zB BVwG v. 9. Okt. 1957 (VII B 52/57): DöV 1957, 863 (864) und heVGH v. 29. Nov. 1962 (OS V 18/60): ESVGH 14, 50 (52 f.).

[84] *Brohm* (248) selbst will Art. 80 GG zwar für diese Normen modifizieren. Das würde jedoch dem klaren Wortlaut dieser Grundgesetzesnorm widersprechen.

besonderen Gewaltverhältnisses handelt[85]. Durch diese Bindung würde die Verwaltung aber viel schwerfälliger werden.

Somit ist mit der hM davon auszugehen, daß die LRichtl als Rechtsgrundlage für die Studentenförderung nur in Betracht kommen, wenn sie Rechtsverordnungen sind. Nach welchen Kriterien Rechts- von Verwaltungsverordnungen abzugrenzen sind, ist streitig.

Krüger[86] führt aus, daß die Rechtsverordnung den Rechtswert verwirkliche, d. h. dem Frieden diene und als Maßstab die Gerechtigkeit habe. Demgegenüber solle durch eine Verwaltungsverordnung der Verwaltungswert, d. h. die Förderung der Wohlfahrt erreicht werden; ihr Maßstab sei die Zweckmäßigkeit. Da die Träger öffentlicher Verwaltung heute in großem Umfang Leistungen gewähren, dient eine gleichmäßige und sachgemäße Verteilung dieser Zuwendungen nicht nur der Wohlfahrt, sondern auch der Gerechtigkeit. Deshalb ist die von *Krüger* vorgeschlagene Abgrenzung nicht zutreffend.

Die wohl hM unterscheidet Rechts- und Verwaltungsverordnungen nach ihrer Wirkung. Richtet sich eine Norm unmittelbar nach außen, d. h. an Zivilpersonen oder — außerhalb der Auftragsverwaltung — an andere Juristische Personen des öffentlichen Rechts, so handelt es sich um eine Rechtsverordnung. Sie ist jedoch eine Verwaltungsverordnung, wenn sie unmittelbar nur Organe desselben Verwaltungsträgers oder einen anderen Träger öffentlicher Gewalt im Rahmen der Auftragsverwaltung betrifft[87].

Daß Verwaltungsverordnungen von den Gerichten nicht direkt angewandt werden können[88], ist nicht schädlich, solange die Weisungen nur amtlich wirken. Somit erscheint die Abgrenzung der hM zutreffend, da sie jede unmittelbare Drittwirkung der Verwaltungsverordnungen auf Zivil- und unabhängige Personen des öffentlichen Rechts vermeidet. Nicht ganz zutreffend sind die Ausdrücke „Außen- und Innenwirkung", denn sie erwecken den Eindruck, daß Verwaltungsverordnungen nur Anweisungen von übergeordneten Organen eines Trägers öffentlicher Gewalt an nachgeordnete Organe derselben Juristischen Personen sind. Da Verwaltungsverordnungen aber auch im

---

[85] S. u. § 24 C.

[86] S. 230.

[87] S. zB *Bachof* 287, 296 f.; *ders.:* VVDStRL 12, 67; *Merk* I 315; *Tupetz* 41 und *Maunz* 212; *Forsthoff* 127 f. verbindet die hM mit der Ansicht *Krügers* und hält eine Abgrenzung für sehr schwierig. AM *Obermayer* 173 f., der auch Verwaltungsverordnungen für Gesetze in materiellem Sinne hält und ihre gerichtliche Nachprüfbarkeit von einem besonderen Rechtsschutzbedürfnis abhängig macht.

[88] S. *Wolff* I § 24 II b 2.

Rahmen der Auftragsverwaltung von Staatsorganen an andere Juristische Personen gerichtet werden können, erscheint es angebracht, Verwaltungsverordnungen als abstrakte generelle Weisungen von Organen eines Trägers öffentlicher Gewalt an deren nachgeordnete, weisungsabhängige Organe oder an einen anderen Träger öffentlicher Gewalt im Rahmen der Auftragsverwaltung zu bezeichnen[89].

B. Einordnung der LRichtl

Anhand dieses Unterscheidungsmerkmals soll nunmehr untersucht werden, ob die LRichtl Rechts- oder Verwaltungsverordnungen sind.

Als Verwaltungsverordnungen könnte man sie nur ansehen, wenn sie keine unmittelbaren Wirkungen für Zivilpersonen oder andere Juristische Personen des öffentlichen Rechts außerhalb der Auftragsverwaltung hätten. Die LRichtl treffen Regelungen für die Hochschule, das Studentenwerk und die Studenten. Selbst wenn das Studentenwerk als Beliehener und die Hochschule im Rahmen der Auftragsverwaltung tätig würden[90], so erscheint es zweifelhaft, ob die LRichtl Verwaltungsverordnungen sind, da sie auch die Studenten betreffen. Somit kann zunächst dahingestellt bleiben, auf welche Weise sich die LRichtl an die Hochschulen und die Studentenwerke wenden, da sie Rechts- und nicht Verwaltungsverordnungen sind, wenn sie — und sei es auch nur in einigen Teilen — unmittelbare Wirkungen für die Studenten haben.

Da die LRichtl bestimmen, bis zu welchem Zeitpunkt die Anträge zu stellen sind, welche Angaben der Student in ihnen machen muß und daß er Änderungen seiner oder seiner Unterhaltspflichtigen Vermögenslage mitzuteilen hat[91], haben sie unmittelbare Wirkungen für den Studenten, da insoweit keine Umsetzung durch die Hochschule oder das Studentenwerk vorliegt[92].

Stünden die Studenten in einem besonderen Gewaltverhältnis zum Land, so könnten sich Bedenken gegen die Qualifikation der LRichtl als Rechtsverordnungen ergeben; möglicherweise sind nämlich alle generellen Regelungen von besonderen Gewaltverhältnissen nur als Verwaltungs-, nicht aber als Rechtsverordnungen anzusehen.

Ein besonderes Gewaltverhältnis des Studenten zum Land setzt voraus, daß der Student dem Staat gegenüber größere und andere

---

[89] Ähnlich *Wolff* I § 24 II b 2; jedoch geht aus seiner Definition nicht hervor, daß Verwaltungsverordnungen auch im Rahmen der Auftragsverwaltung erlassen werden können.
[90] S.u. §§ 31, 36.
[91] Vgl. B'BewBed A IV 2.
[92] Vgl. *Klein:* SchrHS 11, 171 Anm. 130 für die BBewBed und allgemein *Heckelmann* 227.

Rechte und Pflichten hat als die übrigen Zivilpersonen[93]. Ein derartiges besonderes Pflichtverhältnis besteht zwischen dem Studenten und der Hochschule, da er mit der Immatrikulation verpflichtet wird, die Ordnungen der Hochschule bezüglich der Benutzung ihrer Einrichtungen zu befolgen, andererseits das Recht erhält, am Lehrbetrieb teilzunehmen und die Einrichtungen der Hochschule zu benutzen[94].

Ob darüber hinaus noch ein besonderes Gewaltverhältnis des Studenten zum Staat besteht, erscheint zweifelhaft, weil die Hochschule Juristische Person des öffentlichen Rechts ist[95]. Da sich der Staat aber zB die Regelung aller finanziellen Angelegenheiten der Hochschule, die Festsetzung der Zulassungsbedingungen für die Studenten und der Gebühren vorbehalten hat, zeigt sich, welch großen Einfluß er auf die Verwaltung der Hochschule nimmt[96]. Somit stehen die Studenten als Mitglieder der Hochschule auch in einem besonderen Gewaltverhältnis zum Staat[97].

Früher wurden alle abstrakten und generellen Regelungen eines besonderen Gewaltverhältnisses als Verwaltungsverordnungen und damit nicht als Gesetze in materiellem Sinne, d. h. Normierungen des äußeren Verhaltens von Rechtspersonen[98], angesehen. Man hielt die in das besondere Gewaltverhältnis eingegliederten Personen nur für Teile der Verwaltungsorganisation, nicht jedoch für eigene Rechtspersonen, und erkannte den Regelungen des besonderen Gewaltverhältnisses deshalb von vornherein keine Außenwirkung zu[99].

Demgegenüber ist heute aber zu berücksichtigen, daß der einzelne wegen Art. 1 GG nicht bloßes Objekt der Staatsgewalt ist; vielmehr ist er auch dann Rechtsträger, wenn er sich in einem besonderen Gewaltverhältnis befindet[100]. Daher sind die generellen und abstrakten Weisungen, soweit sie den Studenten persönlich betreffen, als Rechts-

---

[93] Vgl. *Forsthoff* 115 ff. und *Wolff* I § 32 IV c 3.

[94] Vgl. *Thieme* 304; Wolff II § 93 III e 2; *Sofsky:* RWS 1964, 226 und *Uhlig* 231.

[95] S.o. § 12 B II b 1.

[96] Vgl. zB *Wolff* II § 93 II a.

[97] S. zB OVG Lbg v. 5. Dez. 1961 (A 108/60): RWS 1962, 79; v. 21. Dez. 1965 (II A 86/64): DVBl. 1966, 454 (456); *Wolff* II § 93 III e 2 und *Sofsky:* RWS 1964, 226. Unerheblich ist es in diesem Zusammenhang, ob man die Hochschule als Körperschaft oder Anstalt ansieht, da von niemandem der große staatliche Einfluß auf die Hochschulen und insbesondere die Regelung der studentischen Angelegenheiten bezweifelt wird; vgl. *Wolff,* Rechtsgestalt 46.

[98] S. *Krüger* 214.

[99] S. statt aller RGZ v. 14. März 1939 (III 128/37): E 162, 129 (134 f.); *Jellinek* 515 und *Forsthoff* 121, 127.

[100] S. zB *Bachof* 301 und *Wolff* II § 99 IV a.

verordnungen anzusehen[101]. Im allgemeinen wie im besonderen Gewaltverhältnis gilt daher dieselbe Abgrenzung von Rechts- und Verwaltungsverordnung.

Da es für den Studenten als Person wesentlich ist, wie die Förderung in den LRichtl geregelt wird, sind diese demnach als Rechtsverordnungen anzusehen[102]. Sie sind allerdings nicht Rechtsverordnungen in dem gebräuchlichen Sinne der Gemeinverordnungen, für die zB Art. 80 GG gilt, sondern Sonderverordnungen[103], da sie von staatlichen Organen[104] zur Regelung eines besonderen — nicht des allgemeinen — Gewaltverhältnisses erlassen worden sind[105].

C. Wirksamkeit der LRichtl

Als von der Verwaltung erlassene Gesetze in materiellem Sinne bedürfen die LRichtl einer Ermächtigung[106], die aber, da sie keine Eingriffe enthalten, nicht in einem Gesetz in materiellem und formellem Sinne zu bestehen braucht[107]. Deshalb sind die Haushaltspläne im Zusammenhang mit dem Sozialstaatsprinzip (als verfassunggestaltende Grundentscheidung) — weil sie als Rechtsgrundlage für Ver-

---

[101] So die heute wohl hM: s. zB VGH Freiburg v. 12. Sept. 1955 (49/53): JZ 1956, 18 (24); *Bachof* 299; *Thieme:* DöV 1956, 526 f. und *Wolff* I § 25 VIII; II § 99 IV a; vgl. auch OVG Mstr v. 8. Sept. 1966 (V A 1639/64): NJW 1967, 949 (951). Diese Abgrenzung entspricht derjenigen, welche die hM für die Einzelakte im besonderen Gewaltverhältnis macht; s.u. § 28 B; es ist aber nicht einzusehen, weshalb dies nur für konkrete und spezielle, nicht jedoch für abstrakte und generelle Maßnahmen im Rahmen eines besonderen Gewaltverhältnisses gelten soll; vgl. *Bachof* 300.

[102] So auch *Brintzinger* 729; neuerdings auch *Wolff* III § 155 III b 3; ebenso *Klein:* SchrHS 11, 171, Anm. 130 für die BBewBed; vgl. auch *Tupetz* 41. AA die überwiegende Meinung, die jedoch die LRichtl nicht auf ihren Inhalt untersucht, sondern sie — wohl wegen fehlender gesetzlicher Ermächtigung — nur für Verwaltungsverordnungen hält; vgl. zB OVG Bln v. 23. Mai 1962 (I a B 11. 61): RWS 1963, 152 und *Sofsky* 154.

[103] Ausdr. so neuerdings auch *Wolff* III § 155 III b 3.

[104] Vgl. *Wolff* II § 74 I f 6 α; die Kultusminister (-senatoren) handeln nicht nur für die jeweilige Landesregierung, sondern haben auch eigene Zuständigkeiten.

[105] Vgl. *Wolff* I § 25 VIII; diese Unterteilung von Rechtsverordnungen in Gemein- und Sonderverordnungen ist, obgleich sie nicht herrschend ist, übernommen worden, weil die Wirksamkeitsvoraussetzungen des Art. 80 GG für die Regelungen im besonderen Gewaltverhältnis nicht gelten und somit unterschiedliche Kriterien für die Prüfung der Wirksamkeit dieser beiden Arten von Rechtsverordnungen maßgebend sind. Sachlich ist diese Unterscheidung weitgehend anerkannt; vgl. *Bachof* 299 f. und *Thieme:* DöV 1956, 526.

[106] Vgl. *Wolff* I § 25 VIII b.

[107] S. zB OVG Lbg v. 21. Dez. 1965 (II A 86/64): DVBl. 1966, 454 (456) und *Forsthoff* 116 f., 129.

waltungsmaßnahmen ausreichen[108] — auch als Ermächtigung für die Länder anzusehen, auf Grund deren sie die Studentenförderung regelnde materielle Gesetze im Rahmen von besonderen Gewaltverhältnissen erlassen dürfen[109]. Dieses Ergebnis wird dadurch bestätigt, daß als Ermächtigungsgrundlage für den Erlaß von Sonderverordnungen nach hM das Gewohnheitsrecht ausreicht, aus dem sich das Recht der Träger öffentlicher Verwaltung ergibt, selbst das besondere Gewaltverhältnis zu regeln[110]. Wenn eine derartig weite unbestimmte nur zweckbezogene Ermächtigung genügt, dann müssen auch die Haushaltspläne im Zusammenhang mit der verfassunggestaltenden Grundentscheidung zum Sozialstaat ausreichen[111].

Somit sind die LRichtl wirksam als Sonderverordnungen erlassen worden und bilden als Gesetze in materiellem Sinne eine spezielle Rechtsgrundlage für die Studentenförderung.

§ 25 BBewBed — Rechtsverordnung?

Die BBewBed könnten gleichfalls als Rechtsgrundlage für die Studentenförderung anzusehen sein, wenn sie eine wirksam erlassene Rechtsverordnung wären.

Da es keine Hochschulen des Bundes, sondern nur solche der Länder gibt, besteht zwischen den Studenten und dem Bund kein besonderes Gewaltverhältnis. Somit sind die BBewBed nicht als Sonderverordnung anzusehen.

Sie könnten nur eine zur Regelung des allgemeinen staatlichen Gewaltverhältnisses erlassene Rechtsverordnung, d. h. eine Gemeinverordnung[112] sein. Als solche könnten die BBewBed nur dann eine Rechtsgrundlage für die Studentenförderung nach dem Honnefer Modell darstellen, wenn sie gem. Art. 80 GG gültig erlasen worden wären. Nach § 1 I d des Gesetzes über die Verkündung von Rechtsverordnungen[113] sind Gemeinverordnungen des Bundes im Bundesgesetzblatt oder im Bundesanzeiger zu veröffentlichen. Da dies mit den BBewBed nicht geschehen ist, können sie allein schon aus diesem Grunde keine

---

[108] S.o. §§ 20 f.

[109] So auch *Ipsen* auf der Staatsrechtslehrertagung 1966 in Graz (s. die Berichte dazu von *Weber*: JuS 1966, 499; *ders.*: NJW 1966, 2348 und *Friauf*: DVBl. 1967, 145), der den Haushaltsplan sogar als Ermächtigung zum Erlaß von Gemeinverordnungen ansieht; s.o. § 22 u.u. § 25.

[110] S. zB *Forsthoff* 116 f., 129 und *Wolff* I § 25 VII b.

[111] Vgl. *Wolff* III § 138 I c.

[112] S. *Wolff* I § 25 VII.

[113] v. 30. Jan. 1950 (BGBl. I 23).

gültigen Gemeinverordnungen und damit auch nicht Rechtsgrundlage für die Studentenförderung sein[114].

§ 26 Ergebnis

Es hat sich also herausgestellt, daß zwar nicht die BBewBed[115], wohl aber die LRichtl eine wirksame spezielle Rechtsgrundlage für die Förderung der Studenten nach dem Honnefer Modell sind[116]. Sie sind ihrerseits ermächtigt durch die Haushaltspläne und letztlich durch das Sozialstaatsprinzip[117].

Somit ist die Förderung der Studenten auf jeden Fall zulässig, auch wenn sie nicht auf Grund eines Gesetzes in materiellem und formellem Sinne gewährt wird.

Dennoch erscheint es wünschenswert, die Studentenförderung formellgesetzlich zu regeln[118]. Zwar ist es zweckmäßig, etwas Neues, wie die allgemeine Förderung der Studenten, zunächst durch die Verwaltung erproben zu lassen. Auf diese Weise können nämlich auftretende Fehlentwicklungen schneller beseitigt werden, als wenn dazu eine Gesetzesänderung erforderlich ist. Nachdem die Studentenförderung nun fast ein Jahrzehnt durchgeführt wird und schon seit mehreren Jahren bis auf die Höhe des Förderungsmeßbetrages und des den Unterhaltspflichtigen zugebilligten Freibetrages im wesentlichen gleichgeblieben ist, wäre nunmehr eine formellgesetzliche Regelung möglich; sie würde größere Rechtssicherheit mit sich bringen[119].

---

[114] So im Ergebnis auch *Klein:* SchrHS 11, 171, Anm. 130; zur Frage, ob die BBewBed ungültige Gemein- oder Verwaltungsverordnungen sind, s.u. § 40 B. — Da die BBewBed wegen fehlender Verkündung als Gemeinverordnung nicht gültig sind, erübrigt sich eine Stellungnahme zu der These *Ipsens,* die dieser auf der Staatsrechtslehrertagung in Graz vertreten hat (vgl. die Berichte von *Weber:* JuS 1966, 499; *ders.:* NJW 1966, 2348 und *Friauf:* DVBl. 1967, 145, 148), daß der Haushaltsplan eine ausreichende Ermächtigungsgrundlage zum Erlaß von Rechtsverordnungen sei, weil Art. 110 GG dem Art. 80 GG vorgehe.

[115] S.o. § 25.

[116] S.o. § 24.

[117] S.o. §§ 18—23.

[118] Zur Gesetzgebungskompetenz s.u. § 39 B I.

[119] Im Ergebnis ebenso für das Honnefer Modell VG Bln v. 29. Juni 1961 (II a A 57/60): JR 1961, 477 (478); *Sofsky* 154; *Tupetz:* DUZ 1966, H. 10/11, S. 29 und ganz allgemein *Menger:* VwArch. 1960, 72 und *Flor* 289 f.

Dritter Abschnitt

Rechtsform

Nachdem Begriff und Rechtsgrundlagen der Studentenförderung nach dem Honnefer Modell geklärt sind, soll nun geprüft werden, wie — d. h. in welchen Rechtsformen — die Förderung gewährt wird. Da der Förderungsausschuß über die Aufnahme in die Förderung und die Höhe sowie die Art der Zuschüsse entscheidet, das Studentenwerk dagegen diese Maßnahme vorbereitet und anschließend die bewilligten Geldbeträge auszahlt, empfiehlt es sich, die Rechtsformen der Handlungen des Förderungsausschusses und des Studentenwerkes getrennt zu untersuchen.

Erstes Kapitel

Die Rechtsform der Maßnahme des Förderungsausschusses

Da die Entscheidung des Förderungsausschusses eine Rechtsfolge hat — nämlich die Förderung des Studenten —, ist sie eine rechtliche, nicht eine tatsächliche Handlung[1].

§ 27 Öffentlich- oder privatrechtliche Handlung?

Die Rechtshandlung kann öffentlich- oder privatrechtlich sein, weil sich der Förderungsausschuß als Organ der Hochschule beider Rechtsformen bedienen kann[2].

A. Abgrenzungskriterien

Es ist streitig, wie privates von verwaltungsrechtlichem Handeln abzugrenzen ist. Von den verschiedenen Theorien sollen hier nur die drei wichtigsten dargestellt werden.

I. Interessentheorie

Die Interessentheorie grenzt öffentliches und privates Recht danach voneinander ab, ob durch die Verwaltungshandlung überwiegend

---

[1] S. *Wolff* I § 45 II.
[2] S. *Wolff* I § 45 II b; III § 137 III g.

Zwecke bzw. Interessen der Allgemeinheit oder einzelner Personen oder Personengruppen verfolgt werden[3]. Die Entscheidung darüber, wessen Interessen überwiegend verfolgt werden, ist zumindest im Bereich der Leistungsverwaltung schwer zu treffen. Bei der leistenden Verwaltung werden nämlich den Mitgliedern des Gemeinwesens Vorteile gewährt, also deren Zwecke gefördert; außerdem müssen aber — wie bei jeder öffentlichen Verwaltung — auch die öffentlichen Interteressen berücksichtigt werden[4].

II. Subjektionstheorie

Die wohl hM trifft die Unterscheidung zwischen öffentlichem und privatem Recht nach dem Charakter des Rechtsverhältnisses zwischen den daran Beteiligten. Sie unterstellt das Rechtsverhältnis dem öffentlichen Recht, wenn der Träger öffentlicher Verwaltung zu der Zivilperson in einem Über-/Unterordnungsverhältnis steht; demgegenüber wendet sie bei Gleichordnung privates Recht an[5]. Diese Theorie führte in einer Zeit, in der sich die staatliche Tätigkeit fast nur auf Ordnungs- und Bedarfsverwaltung beschränkte, in typischen Fällen auf einfache Weise zu richtigen Ergebnissen. Während die ordnende Verwaltung im wesentlichen Eingriffsverwaltung war, also ein Über-/Unterordnungsverhältnis bestand, wurde die Bedarfsverwaltung zwischen gleichgeordneten Partnern privatrechtlich abgewickelt[6].

Bei der pflegenden Verwaltung ist nach der Subjektionstheorie ein Über-/Unterordnungsverhältnis dann gegeben, wenn der Träger öffentlicher Verwaltung einseitig die Ausgestaltung des Rechtsverhältnisses bestimmt[7].

Wollte man die Unterscheidung zwischen öffentlichem und privatem Recht für alle Rechtsverhältnisse nach dieser Theorie treffen, so käme man dazu, die Beziehungen zwischen Eltern und Kindern für öffent-

---

[3] Heute wird diese Theorie zB vertreten von *Rill* 466 ff. und *v. Turegg-Kraus* 37. Sie geht zurück auf *Ulpian*. Auch die Rechtsprechung folgt ihr teilweise. So hält das OVG Bln (v. 23. Mai 1962; I a B 11. 61: RWS 1963, 152) die Studentenförderung nach dem Honnefer Modell für eine hoheitliche Maßnahme, weil sie zur Förderung der im öffentlichen Interesse liegenden Forschung gewährt werde.

[4] Vgl. BVfG v. 30. April 1963 (2 BvM 1/62): DVBl. 1963, 718 (726); *Forsthoff* 100 und *Wolff* I § 22 II a 6.

[5] So zB BGH v. 5. Juli 1957 (I ZR 3/56): DöV 1958, 861 (861 f.); v. 26. Mai 1961 (I ZR 177/60): DVBl. 1962, 102 (102 f.); *Fleiner* 51; *Merk* I 168 f. und trotz Bedenken auch *Forsthoff* 100.

[6] Vgl. *Rupp* 113.

[7] S. *Fleiner* 51 und *Merk* I 168 f.

lichrechtlich und die vieler einzelner Träger öffentlicher Gewalt zu-
einander für privatrechtlich zu halten[8].

Aber selbst wenn man mit *Forsthoff*[9] diese Theorie nur zur Entscheidung über den Charakter von Rechtsverhältnissen zwischen
Trägern öffentlicher Gewalt und Zivilpersonen anwendet, so könnte
es keinen öffentlichrechtlichen Vertrag geben, denn er setzt voraus, daß
beide Partner auf die Gestaltung des Vertragsinhalts Einfluß nehmen
können[10].

Obzwar man die meisten Rechtsverhältnisse anhand der Subjektionstheorie richtig einordnen kann, ist sie demnach in manchen Zwei-
felsfällen unbrauchbar.

III. Subjektstheorie

Wolff[11] grenzt öffentliches und privates Recht dadurch ab, daß er
alle Rechtssätze, „deren Zuordnungssubjekt ausschließlich ein Träger
hoheitlicher Gewalt ist"[12], für öffentliches, die übrigen für privates
Recht hält. Stützt sich ein Träger öffentlicher Verwaltung auf einen
öffentlichen Rechtssatz, so handelt er hoheitlich[13].

Diese Theorie vermeidet zwar die Unzulänglichkeiten der beiden
vorgenannten, ist aber für die Entscheidung der Fälle nicht geeignet,
in denen die Verwaltung gewährend tätig wird, ohne sich dabei auf
einen Rechtssatz stützen zu können[14].

IV. Stellungnahme

Es zeigt sich somit, daß keine der Theorien für sich allein sämtliche
denkbaren Fälle lösen kann. Eine allen Erfordernissen Rechnung tra-
gende Definition ist bisher noch nicht gefunden worden. Dies zu ver-

---

[8] So die Kritik *Rupps* 113 f. und *Wolffs* I § 22 II b 7.

[9] S. 100 f.

[10] S. *Wolff* I § 44 I b 1 und III § 154 VI b.

[11] AöR 1950/51, 208 ff.; Anm. zu einem Urteil des BVwG: DVBl. 1961, 209
und I § 22 II c.

[12] S. *Wolff* I § 22 II c.

[13] Ebenso *Rupp* 115 und *Giacometti* I 98. Die Rechtsprechung folgt der
Subjektionstheorie zwar insoweit, als sie auf das Rechtsverhältnis zwischen
den Beteiligten abstellt. Sie prüft dann aber, ob ein Träger öffentlicher
Verwaltung die Maßnahme in Ausübung hoheitlicher Rechte und Pflichten
getroffen hat, d. h. auf welche Rechtssätze er sich gestützt hat. Somit nähert
sie sich der *Wolff*'schen Theorie. Vgl. BVwG v. 23. Juli 1958 (V C 328. 56):
E 7, 180 (181); v. 18. Okt. 1960 (V C 36. 60): DVBl. 1961, 207 (208); BGH v.
30. Nov. 1955 (VI ZR 100/54): NJW 1956, 711 (712); ähnlich auch *Tupetz* 41 f.

[14] S. *Menger*: VwArch. 1963, 397.

suchen, würde im Rahmen der vorliegenden Arbeit zu weit führen. Deshalb empfiehlt es sich, jeden Sachverhalt anhand der Kriterien aller genannten Theorien entweder dem privaten oder dem öffentlichen Recht zu unterstellen, um auf diese Weise die Unzulänglichkeit der einen Theorie mittels der zutreffenden Kriterien der anderen Theorien auszugleichen[15].

B. Einordnung der Studentenförderung

Es ist daher geboten, unter Heranziehung aller drei Theorien zu klären, ob die Entscheidung des Förderungsausschusses öffentlich- oder privatrechtlich ist.

1. Interessentheorie: Durch die Förderung der Studenten werden nicht nur öffentliche Interessen[16], sondern auch die der einzelnen Studenten wahrgenommen. Welche Interessen überwiegen, läßt sich schwerlich sagen, zumal die Vertreter der Interessentheorie keine Maßstäbe angeben, auf Grund deren sich diese Wertung vollziehen ließe.

2. Subjektionstheorie: Da der Förderungsausschuß über die Aufnahme in die Förderung entscheidet, gestaltet er einseitig das Rechtsverhältnis zwischen sich und dem Studenten. Nach der Subjektionstheorie sind die Rechtsbeziehungen bei der Studentenförderung also öffentlichrechtlich.

3. Subjektstheorie: Den Hochschulen wird die Durchführrng der Studentenförderung durch die LRichtl übertragen[17]. Da diese Bestimmungen als Sonderverordnungen Rechtssätze sind[18] und nur der Hochschule — also einem Träger öffentlicher Verwaltung[19] — die Ausführung des Honnefer Modells übertragen worden ist, wird die Studentenförderung auch nach der Subjektstheorie hoheitlich durchgeführt.

Zwar läßt sich nach der Interessentheorie nicht entscheiden, ob die Förderung der Studenten eine öffentlichrechtliche Maßnahme ist. Da diese Frage aber sowohl nach der Subjektions- als auch nach der Sub-

---

[15] Auf diese Lösung zielen die oben zitierten Gerichtsentscheidungen ab; vgl. auch *Siebert* 734; *Giacometti* I 99; *Forsthoff* 360; *Haueisen* 833; *v. Turegg-Kraus* 37 und *Menger:* VwArch. 1963, 397 f.
[16] S.o. § 12 A.
[17] Ob auch die BBewBed die Hochschulen binden, kann hier dahingestellt bleiben, da an dieser Stelle geprüft wird, wie die Hochschule den Studenten gegenüber handelt. Insoweit stützt sie sich nur auf die LRichtl, weil diese als Sonderverordnungen Gesetze in materiellem Sinne sind; s.o. § 24. Zum Rechtscharakter der BBewBed s.u. § 40 B.
[18] S.o. § 24.
[19] S.o. § 12 B II b 1.

jektstheorie zu bejahen ist, muß man die Studentenförderung nach dem Honnefer Modell als öffentlichrechtliche Leistung ansehen[20].

§ 28 Verwaltungsakt oder schlichtes Verwaltungshandeln?

Die Entscheidung des Förderungsausschusses kann, weil er bei der Förderung der Studenten nach dem Honnefer Modell hoheitlich tätig wird, entweder Verwaltungsakt oder schlichte Verwaltungsmaßnahme sein.

A. Begriffsbestimmung des Verwaltungsaktes

Verwaltungsakt ist nach der heute in der Rechtsprechung[21] und Wissenschaft[22] hM jede Regelung eines Einzelfalles auf dem Gebiet des öffentlichen Rechts durch eine Verwaltungsbehörde. Diese Definition geht zurück auf § 25 I VGVO; diese Vorschrift zählt als Beispiele für derartige Maßnahmen auch Verfügungen, Anordnungen und Entscheidungen auf[23].

Dagegen wollen *Eyermann-Fröhler*[24] „alle hoheitlichen Amtshandlungen, die dem Verwaltungsgericht zur Überprüfung auf ihre Rechtmäßigkeit unterbreitet werden können", als Verwaltungsakte ansehen. Sie lehnen die Unterscheidung zwischen Verwaltungsakten und schlichten Verwaltungsmaßnahmen iS der hM als unsinnig ab, weil gegen beide Arten des Verwaltungshandelns vor dem Verwaltungsgericht geklagt werden könne. Die einzige Folge der oft schwierigen Unterscheidung durch die hM sei, daß entweder Anfechtungs- bzw. Verpflichtungsklagen oder Leistungsklagen zu erheben seien. Die Tatsache, daß zwischen diesen Klagearten in der VwGO unterschieden wird, spricht jedoch zwingend dafür, mit der hM Verwaltungsakt und schlichtes Verwaltungshandeln zu unterscheiden.

Die Definition der hM ist aber insoweit nicht klar genug, als sie nur Maßnahmen einer Verwaltungsbehörde als Verwaltungsakte ansieht,

---

[20] So ausdr. OVG Bln 23. Mai 1962 (I a B 11. 61): RWS 1963, 152 und *Tupetz* 42; vgl. auch BVwG v. 12. Juni 1964 (VII C 146. 63): E 18, 352 (353) und v. 19. Dez. 1958 (VII C 204/57): NJW 1959, 1098: Danach sind Subventionen — also auch Förderungen (s.o. § 15) — öffentlichrechtliche Leistungen des Staates.

[21] S. BVwG v. 21. Okt. 1955 (III C 253. 54): E 2, 273 (274); v. 31. Jan. 1958 (VII C 44. 57): E 6, 167 (168); v. 26. Jan. 1961 (II C 45. 59): E 12, 29 (31); OVG Bln v. 23. Mai 1962 (I a B 11. 61): RWS 1963, 152.

[22] S. *Nebinger* 197; *Peters* 151; *Ule* 96; *v. Turegg-Kraus* 128; *Ule*, Verwaltungsgerichtsbarkeit § 42 IV 1 b; ähnlich *Merk* I 814.

[23] S.a. § 4 blnVwVerfG und § 27 EVwVerfG.

[24] § 42 Rdnr. 14.

während auch eine Regierungsbehörde derartige Entscheidungen treffen kann. Somit empfiehlt es sich, in der Definition zum Ausdruck zu bringen, daß Maßnahmen eines jeden Trägers öffentlicher Verwaltung Verwaltungsakte sein können[25]. Da aber verfassungsrechtliche Entscheidungen keine Verwaltungsakte sind, ist es zutreffender, wenn man in der Definition „eine Regelung auf dem Gebiete des Verwaltungsrechts" sagt[26].

Somit ist ein Verwaltungsakt eine Maßnahme, die ein Träger öffentlicher Verwaltung zur Regelung eines Einzelfalles auf dem Gebiet des Verwaltungsrechts trifft[27].

B. Bewilligung der Förderung als Verwaltungsakt

Anhand dieser Definition ist nunmehr zu prüfen, ob die Entscheidung des Förderungsausschusses über die Gewährung der Studentenförderung ein Verwaltungsakt ist.

Das Handeln des Ausschusses ist der Hochschule, einem Träger öffentlicher Gewalt[28], zuzurechnen, da er ihr Organ ist[29]. Folglich handelt es sich um eine Maßnahme eines Trägers öffentlicher Verwaltung.

Die Entscheidung ergeht auf dem Gebiete des öffentlichen, und zwar des Verwaltungsrechts[30].

Da jeweils der Förderungsantrag eines bestimmten Studenten beschieden wird, entscheidet der Förderungsausschuß einen Einzelfall.

Der Ausschuß bestimmt, ob, in welcher Höhe, für welche Zeit und unter welchen Bedingungen dem Studenten Zuwendungen gemacht werden. Auf den ersten Blick scheint es daher unbedenklich, auch eine Regelung, durch die eine Person unmittelbar betroffen wird, anzu-

---

[25] S. *Merk* I 814 und *Wolff* I § 46 I; ähnlich *Mang-Maunz-Mayer-Obermayer* 168.

[26] So *Wolff* I § 46 I; s.a. *Peters* 151 und *Mang-Maunz-Mayer-Obermayer* 168.

[27] Man mag mit *Wolff*, I § 46 I, hinzufügen, „durch welche eine oder mehrere Personen unmittelbar betroffen oder Sachen rechtlich qualifiziert werden" (ähnlich *Mang-Maunz-Mayer-Obermayer* 168). Dieser Zusatz verdeutlicht den Begriff der „Regelung" der hM; denn auch sie sieht eine Maßnahme nur dann als Regelung an, wenn eine Person in ihren Rechten betroffen ist oder über die rechtliche Qualifikation einer Sache entschieden wird; vgl. OVG Mstr v. 18. Dez. 1957 (III A 793/57): E 13, 167 (168).

[28] S.o. § 12 B II b 1.

[29] S. *Wolff* I § 45 I c und oben § 12 B II b 2.

[30] S.o. § 27.

nehmen. Es ist aber zu berücksichtigen, daß der Student in einem besonderen Gewaltverhältnis zur Hochschule steht[31]. Im Rahmen dieses besonderen Gewaltverhältnisses könnte die Entscheidung des Förderungsausschusses eine interne Maßnahme sein, die keine Regelung mit Außenwirkung enthält. Zwar werden teilweise alle öffentlichrechtlichen Entscheidungen eines Einzelfalles im besonderen wie im allgemeinen Gewaltsverhältnis als Verwaltungsakte angesehen[32]. Danach enthielte die Entscheidung über die Gewährung der Studentenförderung eine Regelung, wäre folglich Verwaltungsakt. Die hM grenzt jedoch Verwaltungsakt und interne Weisung danach voneinander ab, ob der von der Maßnahme Betroffene persönlich unmittelbar in seiner Rechtsstellung berührt oder nur als Teil der Organisation, in die er eingegliedert ist, angesprochen wird. Nur im ersten Fall liegt ein Verwaltungsakt vor[33]. Auch nach der hM enthält die Entscheidung des Förderungsausschusses eine Regelung, da es für den Studenten persönlich wichtig ist und ihn nicht nur als Mitglied der Hochschule berührt, ob er in die Förderung aufgenommen wird. Es braucht daher nicht entschieden zu werden, ob die herrschende oder die Mindermeinung zutrifft.

Die Maßnahme des Förderungsausschusses ist folglich ein Verwaltungsakt[34].

§ 29 Art des Verwaltungsaktes „Förderungsbewilligung"

Anschließend soll jetzt geprüft werden, welcher Art dieser Verwaltungsakt ist.

A. Nach dem Inhalt

Die Aufnahme in die Förderung ist keine Verfügung, da sie kein Ge- oder Verbot enthält. Sie stellt sich auch nicht als feststellender, streitentscheidender oder beurkundender Verwaltungsakt dar[35], son-

---

[31] S.o. § 24 B.

[32] S. rhpfOVG v. 12. Dez. 1959 (2 C 53/58): DöV 1960, 350 ff.; *Obermayer* 164; ders.: DöV 1959, 312; *Mang-Maunz-Mayer-Obermayer* 172.

[33] S. BVwG v. 29. Juni 1957 (II C 105. 56): E 5, 153 (154); v. 20. März 1962 (II C 6. 60): E 14, 84 (87); OVG Lbg v. 19. Mai 1953 (II OVG B 37, 53): E 6, 482 (483); heVGH v. 21. Febr. 1958 (OS I 164/56): DöV 1959, 274 (275); OVG Mstr v. 20. Febr. 1958 (VIII A 1689/56): DöV 1958, 623 (624); *Bachof* 299, 303; *Menger*, System 111 f.; *Ule*: VVDStRL 15, 151 ff.; *Menger*: Die Grundrechte III/2, 744 f.; *Forsthoff* 189; *Ule*, Verwaltungsgerichtsbarkeit § 42 IV 4; *Wolff* I § 46 VII a und *Eyermann-Fröhler* § 42, Rdnr 47 ff.

[34] So die allgemeine Meinung; s. zB BVwG v. 12. Juni 1964 (VII C 146. 63): E 18, 352 (353); OVG Bln v. 23. Mai 1962 (I a B 11. 61): RWS 1963, 152; *Tupetz* 41; *Sofsky* 154; ders.: RWS 1964, 229 und *Wolff* III § 155 III e 1.

[35] S. *Wolff* I § 47 I.

dern begründet eine konkrete Rechtslage für den Studenten und ist deshalb ein gestaltender Verwaltungsakt[36].

B. Nach der rechtlichen Wirkung

Durch die Bewilligung eines Stipendiums und Darlehens gewährt der Förderungsausschuß dem Studenten einen Vorteil, so daß die Entscheidung ein begünstigender Verwaltungsakt ist[37].

C. Nach der zeitlichen Dauer

Je nach ihrer zeitlichen Wirkung kann die Maßnahme des Förderungsausschusses ein Verwaltungsakt mit oder ohne Dauerwirkung sein[38]. Das richtet sich danach, ob ein auf Dauer berechnetes Rechtsverhältnis geschaffen werden soll[39]. Die beabsichtigte Zeitdauer braucht jedoch nicht unbeschränkt zu sein[40]. Sie kann auch befristet sein[41].

Die Förderung nach dem Honnefer Modell wird dem Studenten jeweils für die Dauer eines Kalenderjahres zuerkannt[42]. Das Studentenwerk zahlt die Beträge monatlich im voraus aus[43]. Da der Student auf Grund der Bewilligung nicht nur *eine* Leistung, sondern monatlich wiederkehrende Leistungen erhält, ist die Bewilligung der Stipendien und Darlehen ein Verwaltungsakt mit Dauerwirkung.

Die zeitliche Dauer dieses Verwaltungsaktes ist auf ein Kalenderjahr befristet[44]. Demgegenüber kann man die Aufnahme in die Hauptförderung nicht als einen für die gesamte Dauer des Studiums geltenden Verwaltungsakt ansehen. Nach dem eindeutigen Wortlaut der BBewBed und LRichtl sowie der diesen folgenden Verwaltungsübung liegt nämlich nur *ein* Verwaltungsakt vor, und zwar die für ein Jahr geltende Bewilligung der Förderung.

Mithin ist die Entscheidung des Förderungsausschusses ein auf ein Kalenderjahr befristeter Verwaltungsakt mit Dauerwirkung.

---

[36] S. *Forsthoff* 193; *v. Turegg-Kraus* 132 und *Wolff* I § 47 I b.
[37] Vgl. *Wolff* I § 47 VI b.
[38] S. *Wolff* I § 47 V.
[39] S. *Haueisen:* NJW 1958, 1065 und *Sellmann* 291.
[40] Das ist zwar oft der Fall. So setzt der Sozialversicherungsträger eine Rente für unbestimmte Zeit, d. h. bis zur Änderung der Sach- oder Rechtslage, fest.
[41] S. *Wolff* I § 47 V b.
[42] Vgl. BBewBed A IV 3 a.
[43] S. BBewBed A IV 4.
[44] Vgl. BBewBed A IV 3 a und 7 a.

D. Nach dem Adressaten

Die Entscheidung des Förderungsausschusses wirkt gegen den bestimmten Studenten, an den sie gerichtet ist. Daher ist sie ein transitiver Verwaltungsakt[45].

E. Nach dem Grad der Rechtsgebundenheit

Inwieweit die Entscheidung des Förderungsausschusses rechtsgebunden ist, richtet sich danach, ob sie ein gebundener, ermessensfreier oder frei gestaltender Verwaltungsakt ist. Ermächtigt oder verpflichtet eine gesetzliche Regelung den Verwaltungsträger zum Handeln, so liegt eine ermessensfreie oder gebundene Verwaltungsmaßnahme vor[46], anderenfalls — also bei Fehlen einer gesetzlichen Normierung — wird die Verwaltungsbehörde frei gestaltend tätig[47].

Da die Studentenförderung in den LRichtl, die als Sonderverordnungen Gesetze in materiellem Sinne sind[48], vorgesehen ist, kann der von dem Förderungsausschuß erlassene Verwaltungsakt nur eine gebundene oder ermessensfreie Verwaltungshandlung sein. Ob das eine oder das andere der Fall ist, hängt davon ab, ob nach den LRichtl der Förderungsausschuß beim Vorliegen bestimmter Voraussetzungen die Förderung bewilligen muß oder ob die Entscheidung in seinem pflichtgemäßen Ermessen liegt[49].

Aus der Formulierung der LRichtl: „Es *können* geeignete deutsche und ihnen rechtlich gleichgestellte Studenten gefördert werden, soweit sie einer wirtschaftlichen Hilfe bedürfen und das 40. Lebensjahr bei Förderungsbeginn noch nicht vollendet haben"[50], ergibt sich, daß nicht alle Studenten, die diese Voraussetzungen erfüllen, gefördert werden müssen, sondern daß dem Förderungsausschuß die Entscheidung übertragen ist, wer aus dem Kreis der Studenten, die diesen Anforderungen genügen, in das Honnefer Modell aufgenommen werden soll. Auch aus dem Satz der LRichtl: „Die Förderungsausschüsse entscheiden unter *Berücksichtigung* der Eignung und Bedürftigkeit des Studenten über seine Aufnahme in die Förderung und ihre Weitergewährung"[51], kann man den Schluß ziehen, daß dem Förderungsausschuß ein Ermessens-

---

[45] Vgl. *Wolff* I § 47 VIII a.
[46] S. *Wolff* I § 47 III a, b.
[47] Vgl. *Wolff* I § 47 III c.
[48] S.o. § 24.
[49] Vgl. *Wolff* I § 31 I b, II a.
[50] S. zB nwRichtl 1 A I 1; vgl. auch BBewBed A II 1.
[51] S. zB nwRichtl 1 A III 3 a; vgl. auch BBewBed A IV 3 a.

6*

spielraum eingeräumt ist. Nach dem Wortlaut dieser Bestimmung steht
es dem Ausschuß nämlich frei, auch andere Gesichtspunkte zu berücksichtigen. Daß die LRichtl ausdrücklich einen Rechtsanspruch des Studenten verneinen[52], spricht ebenfalls für einen Ermessensspielraum des
Förderungsausschusses, da diese Regelung wenig sinnvoll wäre, wenn
jeder geeignete und bedürftige Student in die Förderung aufgenommen
werden müßte[53].

Somit ist die Entscheidung des Förderungsausschusses eine ermessensfreie Verwaltungsmaßnahme[54].

F. Mitwirkungsbedürftiger Verwaltungsakt

Die Entscheidung des Förderungsausschusses könnte ein mitwir-
kungsbedürftiger Verwaltungsakt sein.

Da in den LRichtl ein Antrag des Studenten vorgesehen ist[55], wird
der Förderungsausschuß nur tätig, soweit der Student in seinem Antrag die Zustimmung zur Förderung erklärt hat.

Somit handelt es sich um einen mitwirkungsbedürftigen[56], und zwar
zustimmungsbedürftigen[57] Verwaltungsakt. Daraus ergibt sich, daß die
Bewilligung der Förderung nichtig ist, falls kein Antrag des Studenten
vorliegt oder der Student den Förderungsbetrag nicht annimmt[58].

G. Verwaltungsakt mit Nebenbestimmungen

Der Förderungsausschuß gewährt dem Studenten die Stipendien und
Darlehen jeweils für die Dauer eines Kalenderjahres[42] und verpflichtet
ihn, Änderungen seiner oder seiner Unterhaltspflichtigen Vermögenslage anzuzeigen[59]. Dies deutet darauf hin, daß die Bewilligung ein Verwaltungsakt mit Nebenbestimmungen ist.

Durch die Aufnahme eines Studenten in die Förderung für die Dauer
eines Kalenderjahres sind Anfang und Ende der Wirksamkeit der Ent-

---

[52] S. zB nwRichtl Einleitung; vgl. auch BBewBed A I.
[53] So auch OVG Bln v. 23. Mai 1962 (I a B 11. 61): RWS 1963, 152 (153) und
Sofsky 154.
[54] So auch die hM: s. zB OVG Bln v. 23. Mai 1962 (I a B 11. 61): RWS 1963,
152 (152 f.); VG Bln v. 29. Juni 1961 (I a A 57/60): JR 1961, 477 (478); *Tupetz*
41 und *Sofsky* 154. Ob eine Ermessensbindung gegeben ist, wird unten im
§ 45 untersucht.
[55] S. zB nwRichtl 1 A III 2; vgl. auch BBewBed A IV 2.
[56] S. zB *Forsthoff* 194.
[57] S. *Wolff* I § 48 II.
[58] Vgl. *Forsthoff* 196 f. und *Wolff* I § 48 II.
[59] S. BBewBed A IV 2 c.

scheidung des Förderungsausschusses zeitlich bestimmt. Deshalb ist sie ein befristeter Verwaltungsakt[60]. Gegen die Zulässigkeit dieser Befristung bestehen keine Bedenken, da es kein Gesetz in materiellem Sinne gibt, das den Förderungsausschuß zu einer unbefristeten Förderung verpflichtet[61].

Die Verpflichtung des Studenten oder seiner Unterhaltspflichtigen zur Mitteilung einer Änderung ihrer Vermögenslage ist keine Bedingung[62], da die Förderung nicht allein durch die Mitteilung des Studenten, sondern erst nach einer entsprechenden Entscheidung des Förderungsausschusses entfällt[59]. Vielmehr handelt es sich um eine Auflage. Diese Bestimmung verpflichtet den Studenten und seine Unterhaltspflichtigen nämlich uU zu einem Tun. Da sie nur wirksam ist, solange die Bewilligung der Förderung gilt, stellt sie keine von dem Bewilligungsverwaltungsakt unabhängige Maßnahme, mithin keinen selbständigen Verwaltungsakt dar[63].

Erläßt eine Verwaltungsbehörde einen Verwaltungsakt, ohne daß dies durch Gesetz zwingend vorgeschrieben ist, so kann sie ihn idR mit einer Auflage verbinden[64].

Gegen die Zulässigkeit dieser mit der Förderungsbewilligung erteilten Auflage könnten sich jedoch insoweit Bedenken ergeben, als eine Auflage als belastender Verwaltungsakt im allgemeinen einer Ermächtigungsgrundlage bedarf[65]. Da die Auflage in den LRichtl vorgesehen ist und diese Sonderverordnungen sind[66], besteht eine Ermächtigunsgrundlage. Soweit sich die Auflage an den Studenten richtet, kommt als Rechtsgrundlage für die LRichtl zwar nicht das Sozialstaatsprinzip, wohl aber das Gewohnheitsrecht in Betracht[67]. Da das besondere Gewaltverhältnis, zu dessen Regelung die LRichtl erlassen worden sind[66], nur zwischen den Studenten — nicht aber den Unterhaltsverpflichteten[66] — und dem Land besteht, können die LRichtl keine Pflichten für die Unterhaltsverpflichteten begründen. Somit besteht für die an die Unterhaltspflichtigen des Studenten gerichteten Auflagen nach den LRichtl keine Rechtsgrundlage. Wenn auch für Auflagen, die die zweckentsprechende Verwendung von staatlichen Zuwendungen sichern sollen und typischerweise mit einer Leistung ver-

---

[60] S. *Wolff* I § 49 I a und oben C.
[61] Vgl. *Wolff* I § 49 II b.
[62] Vgl. *Wolff* I § 49 I b.
[63] Vgl. *Wolff* I § 49 I d.
[64] S. *Wolff* I § 49 II b.
[65] S. BVwG v. 21. März 1958 (VII C 6. 57): E 6, 282 (288).
[66] S.o. § 24 B.
[67] S.o. § 24 C.

bunden sind, nicht unbedingt eine Ermächtigungsgrundlage erforderlich ist[68], so ist die an die Unterhaltsverpflichteten gerichtete Auflage gleichwohl rechtswidrig, weil ihnen keine Leistungen gewährt werden.

Rechtmäßig sind lediglich die an die Studenten als Leistungsempfänger gerichteten Auflagen, die Änderungen ihrer und ihrer Unterhaltspflichtigen Vermögenslage mitzuteilen[69].

Da der Förderungsausschuß im Bewilligungsbescheid den Widerruf für den Fall ankündigt, daß entweder falsche Tatsachen der Entscheidung zugrunde gelegen haben bzw. später eine Änderung der tatsächlichen Verhältnisse eingetreten ist, ist der Verwaltungsakt „Förderungsbewilligung" mit einem Widerrufsvorbehalt verbunden[70]. Er wäre zulässig, falls die Behörde diesen begünstigenden Verwaltungsakt mit Dauerwirkung[71] aus den oben genannten Gründen widerrufen könnte.

Nach allgemeiner Meinung sind begünstigende Verwaltungsakte nicht frei widerruflich[72]. Vielmehr ist abzuwägen zwischen dem öffentlichen Interesse an dem Widerruf des fehlerhaften Verwaltungsaktes und dem Interesse des Begünstigten an der Aufrechterhaltung der Entscheidung[73].

Da der Student das erhaltene Geld in aller Regel bereits für die Studienkosten und seinen Lebensunterhalt aufgewendet hat, darf die Bewilligung nur dann zurückgenommen (Widerruf mit ex-tunc-Wirkung) werden, wenn sein Vertrauen auf die Bestandskraft der Bewilligung nicht schutzwürdig ist. Das ist dann nicht der Fall, wenn der Student die Förderung dadurch erschlichen hat, daß er wissentlich falsche Angaben über seine und seiner Unterhaltspflichtigen Vermögenslage gemacht hat[74]. Die Zurücknahme der Bewilligung, welche die Rückforderung der gezahlten Förderungsbeträge ermöglicht, ist also nur bei Verschulden des Studenten zulässig. Demgegenüber bestimmen die BBewBed und LRichtl, daß die gezahlten Beträge auch ohne Verschulden des Antragstellers zurückzufordern sind, sofern dies für den

---

[68] S. *Wolff* III § 154 V a.

[69] So die bisherige Regelung: s. zB nwRichtl 1965 1 A III 2 c (nwABlKM 1966, 13). — Soweit die Studenten jedoch minderjährig sind, müssen die Unterhaltsverpflichteten, wenn ihnen — wie in aller Regel — auch die gesetzliche Vertretung obliegt, als Vertreter der Studenten die Auflage erfüllen; vgl. *Wolff* III § 156 III c 2.

[70] S. BBewBed A IV 2, 3 und 5.

[71] S.o. B. und C.

[72] S. zB OVG Bln v. 14. Nov. 1956 (VII B 12/56): DVBl. 1957, 503 (503 ff.); *Wolff* I § 53 II und die folgenden Anmerkungen.

[73] S. BVwG v. 25. Okt. 1957 (III C 370. 56): E 5, 312 (313) und *Tupetz* 42.

[74] Vgl. BVwG v. 28. Juni 1957 (IV C 235. 56): NJW 1958, 154 (155); *Tupetz* 42 und *Wolff* I § 53 IV b 3.

Studenten keine besondere Härte bedeutet[75]. Sie machen die Zurücknahme also im Regelfalle — wenn keine besondere Härte vorliegt — nur davon abhängig, daß der Student den Verwaltungsakt verursacht hat. Somit überschreiten die BBewBed und LRichtl die zulässige Grenze der Widerrufbarkeit und sind daher insoweit ungültig.

Beseitigt werden kann die Bewilligung (Widerruf mit ex-nunc-Wirkung) generell aus demselben Grunde, aus dem sie zurückgenommen werden kann. Darüber hinaus ist die Beseitigung auch dann zulässig, wenn der Student falsche Angaben gemacht hat; auf sein Verschulden kommt es dabei nicht an[76]. Ein weiterer Beseitigungsgrund ist gegeben, wenn Eignung oder Bedürftigkeit des Studenten während des Kalenderjahres entfallen[77].

Ist die Aufnahme in die Förderung aus einem Grunde rechtswidrig, den der Student nicht kannte, so steht der Beseitigung aus diesem Grunde der Grundsatz des Vertrauensschutzes entgegen. Der Student hat nämlich durch die Aufnahme des Studiums im Vertrauen auf die Gültigkeit des Bewilligungsbescheides Verpflichtungen auf sich genommen, die er nicht rückgängig machen kann[78].

Die Aufnahme des Studenten in das Honnefer Förderungsmodell ist somit ein befristeter, mit einer Auflage verbundener Verwaltungsakt mit Widerrufsvorbehalt.

H. Zusammenfassung

Die Bewilligung der Studentenfördernug nach dem Honnefer Modell durch den Förderungsausschuß ist demnach ein ermessensfreier, begünstigender, transitiver, mit einer Auflage und einem Widerrufsvorbehalt verbundener, zustimmungsbedürftiger, befristeter Verwaltungsakt mit Dauerwirkung.

Zweites Kapitel

Die Rechtsformen der Handlungen der örtlichen Studentenwerke

Die Studentenwerke können nur hoheitlich tätig werden, wenn sie selbst Juristische Personen des öffentlichen Rechts, deren Organe oder Beliehene wären.

---

[75] S. BBewBed A IV 5 a.

[76] S. *Wolff* I § 53 III b 1 γ.

[77] S. *Wolff* I § 53 III b 2 β; vgl. BBewBed A IV 2 c.

[78] Vgl. *Tupetz* 42 und *Wolff* I § 53 III c 2 γ.

§ 30 Juristische Personen des öffentlichen Rechts?

Es ist bereits ausgeführt worden, daß die Studentenwerke ursprüng-lich eingetragene Vereine des bürgerlichen Rechts, staatlich konzessio-nierte Vereine oder Gesellschaften mit beschränkter Haftung waren[79]. Auch heute sind die meisten von ihnen noch eingetragene Vereine und somit Juristische Personen des Privatrechts[80]. In Bayern[81] und Hessen[82] sowie in Tübingen, Göttingen und Kiel[83] sind die Studentenwerke rechtsfähige Anstalten des öffentlichen Rechts[84].

Somit sind die meisten Studentenwerke nicht Juristische Personen des öffentlichen, sondern des privaten Rechts. Letztere können als Privatpersonen nicht hoheitlich handeln.

§ 31 Organe oder Beliehene?

Die Studentenwerke, die als Juristische Personen des Privatrechts organisiert sind, könnten jedoch hoheitlich tätig werden, wenn sie Organe der Hochschulen als Juristischer Personen des öffentlichen Rechts oder mit hoheitlicher Gewalt Beliehene wären.

A. Organe der Hochschulen?

Die Studentenwerke könnten nur dann Organe der Hochschule sein, wenn sie nicht rechtsfähig wären und ihr Handeln der Hochschule zugerechnet würde[85].

Sowohl die privatrechtlich als auch die öffentlichrechtlich organi-sierten Studentenwerke sind Juristische Personen und somit rechts-fähig[86]. Außerdem handeln die Studentenwerke bei der Förderung der Studenten immer in eigenem Namen. Dies gilt nicht nur für den Abschluß der Darlehensverträge und die Auszahlung der Förderungs-

---

[79] S.o. § 2.

[80] S. *Schapals* 93; *Wolff* II § 93 II d; s.a. *Möller:* DUZ 1962, H. 3, S. 9: Danach waren 1962 von 31 Studentenwerken noch 23 als eingetragene Vereine orga-nisiert.

[81] S. die Verordnung des bayerischen Staatsministeriums für Unterricht und Kultus über die Errichtung von Studentenwerken in Bayern v. 23. Juli 1948 (bayABlKM 73).

[82] S. das Gesetz über die Studentenwerke bei den wissenschaftlichen Hochschulen des Landes Hessen v. 21. März 1962 (heGVBl. 165).

[83] Die Studentenwerke in Göttingen und Kiel werden zu Unrecht als Stiftungen bezeichnet; vgl. OVG Lbg v. 21. Dez. 1965 (II A 86/64): DVBl. 1966, 454 und *Wolff* II § 93 II d.

[84] S. *Möller:* DUZ 1962, H. 3, S. 9; *Schapals* 93 und *Wolff* II 93 II d.

[85] S. *Wolff* II § 74 I f 1.

[86] S.o. § 30.

beträge[87] — Aufgaben, welche die Studentenwerke selbständig durchführen —, sondern auch für die die Entscheidung der Förderungsausschüsse vorbereitenden Maßnahmen — Entgegennahme der
Förderungsanträge, Führung der Förderungsakten, Prüfung der Voraussetzungen der wirtschaftlichen Bedürftigkeit[88] —. Auch bei diesen
letztgenannten Aufgaben wird das Studentenwerk nämlich nicht als
Teil der Hochschule oder des Förderungsausschusses tätig, so daß diese
Vorbereitungshandlungen gleichfalls nicht der Hochschule zuzurechnen
sind.

Da die Studentenwerke rechtsfähig sind und ihre Handlungen bei
der Förderung der Studenten nicht den Hochschulen zugerechnet werden
können, sind sie nicht als Organe der Hochschule anzusehen.

B. Beliehene

Die privatrechtlich organisierten Studentenwerke könnten Beliehene
sein.

Dann müßten ihnen hoheitliche Kompetenzen übertragen worden
sein[89]. Zwar wirken die Studentenwerke bei der Förderung der Studenten nach dem Honnefer Modell mit, und die Förderungsausschüsse
führen diese Maßnahmen auch hoheitlich durch[90]. Gleichwohl besäßen
die Studentenwerke keine hoheitlichen Kompetenzen, wenn sie lediglich die Entscheidungen der Förderungsausschüsse vorbereiteten[91]; denn
dabei handeln sie den Studenten gegenüber nicht verbindlich. Da die
Studentenwerke aber auch selbständige, für die Studenten verbindliche
Entscheidungen treffen — zB die Neuberechnung und Neufestsetzung
der Förderungsbeträge bei Änderung der Vermögenslage des Studenten
oder seiner Unterhaltspflichtigen[92] —, üben sie hoheitliche Gewalt aus.

Diese hoheitlichen Befugnisse sind den Studentenwerken durch die
LRichtl, die als Sonderverordnungen Gesetze in materiellem Sinne
sind[93], übertragen worden. Also liegt ein Beleihungsakt vor[94].

Die Studentenwerke handeln auch in eigenem Namen, weil sie bei
der Durchführung dieser Aufgaben den Studenten gegenüber als „Stu-

---

[87] S. zB BBewBed A IV 3 b, 4.
[88] S. zB BBewBed A IV 3 b.
[89] Vgl. *Terrahe* 82 f. und *Wolff* II § 104 I b.
[90] S.o. § 28 B; vgl. VGH Mchn v. 5. Dez. 1966 (Nr. 99 VIII 66): DVBl. 1967,
383 (384), der zu Unrecht eine Beleihung allein deshalb annimmt, weil ein
Privatrechtssubjekt eine öffentliche Aufgabe wahrnimmt.
[91] Vgl. *Wolff* II § 104 I b.
[92] S. BBewBed A IV 2 c.
[93] S.o. § 24.
[94] S. *Wolff* II § 104 II a 1.

dentenwerke" — nicht als Vertreter der Förderungsausschüsse — auf-
treten und auch nicht in die Juristischen Personen „Hochschulen" eingegliedert sind[95].

Die Studentenwerke werden, soweit sie Juristische Personen des
Privatrechts sind, daher als Beliehene tätig.

Indem das Studentenwerk den Förderungsantrag entgegennimmt, die
Förderungsakte führt und prüft, inwieweit der Student einer wirtschaftlichen Hilfe bedarf[88], bereitet es die Entscheidung des Förderungsausschusses vor und wird wie dieser verwaltungsrechtlich tätig[96].
Bei der Auszahlung der Stipendien und Darlehen handelt es jedoch
nur privatrechtlich[97], da es die bei der Abwicklung entstehenden Rechtsverhältnisse nicht einseitig gestaltet (Subjektionstheorie)[98], sondern idR
mit den Studenten Darlehensverträge abschließt und sich dabei auf
§ 607 BGB, also nicht auf einen nur einen Träger öffentlicher Verwaltung verpflichtenden Sonderrechtssatz, stützt (Subjektstheorie)[99].

§ 32 Ergebnis

Auf den Verwaltungsakt des Förderungsausschusses folgt also die
privatrechtliche Auszahlung der Mittel durch das Studentenwerk. Wäh-
rend sich die Frage, ob, wann und wie ein Student gefördert wird, nach
öffentlichrechtlichen Grundsätzen richtet, gilt für die Auszahlung des
Geldes Privatrecht[100]. Da die Studentenwerke entweder als Juristische
Personen des öffentlichen Rechts oder als Beliehene Träger öffentlicher
Verwaltung sind und die Förderung der Studenten eine hoheitliche
Aufgabe ist, die sie insoweit in privaten Rechtsformen durchführen, ist
Verwaltungsprivatrecht anzuwenden[101].

Die Studentenförderung nach dem Honnefer Modell wird also zweistufig abgewickelt[102].

---

[95] S.o. A.

[96] S.o. § 27 B.

[97] So für die Vergabe von Darlehen auch ausdr. OLG Köln v. 28. Juli 1966
(10 U 29/66): NJW 1967, 735 (736 f.); die gegenteilige Ansicht für Stipendien
hat ihre Ursache wohl in der früheren Rechtslage, nach der idR nur Stipendien gewährt wurden, während jetzt idR Stipendien und Darlehen zusammen
gezahlt werden; s.o. § 9. — Eine Privatperson kann als Beliehener ebenso
wie eine Juristische Person des öffentlichen Rechts nicht nur öffentlichrechtlich, sondern auch privatrechtlich handeln; vgl. *Wolff* II § 104 V a.

[98] S.o. § 27 A II.

[99] S.o. § 27 A III.

[100] S. zB §§ 607 ff. BGB.

[101] S. *Wolff* I § 23 II b; III § 155 III e 2.

[102] So auch *Wolff* I § 22 III f; III § 155 III e.

Vierter Abschnitt

Verwaltungskompetenz

Obwohl bereits ausgeführt worden ist, daß die Mitglieder der Förderungsausschüsse das Honnefer Modell verwalten[1] und daß ihr Handeln der Hochschule zuzurechnen ist[2], ist damit noch nichts darüber ausgesagt, ob die Hochschule diese Maßnahmen in Eigen- oder Fremdverwaltung durchführt und wer die Verwaltungskompetenz innehat. Im folgenden soll zunächst untersucht werden, wie beim Honnefer Modell verfahren wird; anschließend soll geprüft werden, ob die zZt ausgeübte Verwaltungspraxis rechtlich zulässig ist.

Erstes Kapitel

Die derzeitige Verwaltungsübung

§ 33 Eigenverwaltung der Hochschule?

Die Studentenförderung nach dem Honnefer Modell könnte von der Hochschule in Eigenverwaltung durchgeführt werden.

Dann müßte die Hochschule bei der Bewilligung der Stipendien und Darlehen selbständig und eigenverantwortlich handeln[3]. Dafür scheint die Formulierung in den LRichtl[4]: „Die Verantwortung für die Durchführung der Studienförderung nach diesen Bestimmungen trägt die Hochschule" zu sprechen. Es ist aber zu berücksichtigen, daß Normen, die einer Gemeinde oder einem anderen Träger unterstaatlicher Verwaltung eine Aufgabe zur Eigenverwaltung übertragen, idR Ausdrücke wie „Selbstverwaltungsangelegenheit"[5] oder „eigene Verantwortung"[6] verwenden. Somit ist die Formulierung der BBewBed und LRichtl[7]

---

[1] S.o. § 12 B I b.

[2] S.o. § 12 B II b 2.

[3] Vgl. *Forsthoff* 416; *Wolff* I § 4 I c und II § 84 IV b 2 α.

[4] Vgl. zB nwRichtl 1 A III 1; s.a. BBewBed A IV 1.

[5] Vgl. zB § 12 I JWG und § 96 I 2 BSHG.

[6] S. zB § 2 I BBauG.

[7] S. zB nwRichtl 1 A III 1; hmbRichtl 1 A IV 1 sowie A IV 1 der (rhpf, sa und schlh)Richtl.

ungewöhnlich; man kann ihr nicht entnehmen, ob die Eigenverant-
wortung der Hochschule oder ihre Verantwortlichkeit gegenüber dem
Bund bzw. dem jeweiligen Land gemeint ist.

Die Tatsache, daß für die Studentenförderung nach dem Honnefer
Modell nur Bundes- und Landesmittel verwendet werden, nicht dagegen Eigenmittel der Hochschule, spricht gegen eine Eigenverwaltung[8].
Auch daraus, daß sich der Bundesminister des Inneren die Festsetzung
der Zuschläge zum Förderungsmeßbetrag, die geförderte Studenten
während eines Auslandsstudiums bekommen, vorbehalten hat[9], kann
man entnehmen, daß die Hochschulen nicht eigenverantwortlich handeln.

Dies kann man auch daraus schließen, daß die Kultusminister (-sena-
toren) der Länder im Einverständnis mit dem Bundesminister des
Inneren die Überschreitung der Höchstförderungsdauer[10] genehmigen
und sie für nicht genannte Fächer festsetzen[11] müssen. Außerdem zieht
das Deutsche Studentenwerk die Darlehen im Auftrage des Bundes-
ministers des Inneren und der Kultusminister (-senatoren) der Länder,
nicht aber der Hochschulen ein[12].

Demgegenüber ist nichts ersichtlich, das dafür sprechen könnte, daß
die Studenten von den Hochschulen eigenverantwortlich gefördert werden[13]. Somit führen die Hochschulen die Studentenförderung nicht in
Eigenverwaltung durch.

§ 34 Auftragsverwaltung für das jeweilige Land?

Die Hochschule könnte das Honnefer Modell im Auftrage des jeweiligen Landes verwalten. Dafür spricht zunächst, daß die Kultusverwaltung des Landes Richtlinien über die Vergabe der Stipendien und
Darlehen an die Studenten erlassen hat und daß Landesmittel vergeben
werden. Demgegenüber darf aber nicht unberücksichtigt bleiben, daß
der Bund die Hälfte der Mittel aufbringt. Außerdem enthalten die
Richtlinien selbst ausdrücklich Mitwirkungsvorbehalte für den Bundesminister des Inneren[14]. Weiterhin sprechen der Erlaß der BBewBed

---

[8] S. OVG Mstr v. 20. März 1962 (II A 557/60): DöV 1962, 552 und *Wolff*
II § 84 IV b 2 β.

[9] S. BBewBed C I 4.

[10] S. BBewBed D I.

[11] S. BBewBed D II.

[12] S. BBewBed E II 9.

[13] Ein Indiz für die Fremdverwaltung der Hochschulen ist das Wort
„wahrnehmen" in BBewBed A IV 1; vgl. *Wolff* I § 4 I c 2 α.

[14] Vgl. zB hmbRichtl 1 C I 4, D I, II und E II 9 a; C I 4, D I, II und E II 9
der (rhpf, sa und schlh)Richtl; s.o. § 33.

durch den Bundesminister des Inneren und Ziff. III des Verwaltungsabkommens — „die Richtlinien für die gemeinsamen Maßnahmen der
Studentenförderung werden von Bund und Ländern im gegenseitigen
Einverständnis festgesetzt" — zumindest dagegen, daß die Hochschulen
die Studentenförderung nach dem Honnefer Modell allein im Auftrage
des jeweiligen Landes durchführen.

§ 35 Auftragsverwaltung für den Bund?

Obzwar der Bundesminister des Inneren die BBewBed erlassen hat
und der Bund Mittel für das Honnefer Modell gewährt, kann man die
Studentenförderung durch die Hochschulen nicht als mittel-mittelbare
Bundesverwaltung[15] ansehen. Die Länder tragen nämlich die Hälfte
der Kosten für die Studentenförderung, die BBewBed enthalten Mit-
wirkungsrechte der Kultusverwaltungen der Länder[16], und nach dem
Verwaltungsabkommen setzen Bund und Länder die Richtlinien für die
Studentenförderung „im gegenseitigen Einverständnis fest"[17].

§ 36 „Mittelbare Mischverwaltung" des Bundes und der Länder

Demnach führen die Hochschulen[18] die Studentenförderung nach dem
Honnefer Modell weder allein im Auftrage des Bundes noch allein im
Rahmen der Auftragsverwaltung für das jeweilige Land durch, sondern
auf Grund der in den BBewBed *und* LRichtl enthaltenen Vorschriften[19].
Dasselbe gilt auch für die Studentenwerke.

Da nur die LRichtl wirksame materielle Gesetze sind, könnte man
annehmen, daß die BBewBed lediglich Empfehlungen an die Landes-
kultusverwaltungen enthielten[20]. In diesem Falle wären allein die
LRichtl rechtlich verbindlich. Diese Überlegung kann wegen des eindeutigen Wortlautes des Verwaltungsabkommens nicht richtig sein.
Wenn die Richtlinien nämlich „in gegenseitigem Einverständnis"
zwischen Bund und Ländern erlassen werden, so bedeutet dies, daß eine

---

[15] Vgl. zu diesem Begriff *Wolff* I § 4 I b 1 γ.

[16] S. BBewBed D I, II und E II 9.

[17] S.o. § 34.

[18] Ihnen ist nämlich die Studentenförderung übertragen worden, die sie
durch die Förderungsausschüsse durchführen sollen; BBewBed A IV 1. Somit
liegt keine Institutionsleihe vor.

[19] Rechtscharakter und Wirksamkeit der BBewBed brauchen an dieser
Stelle nicht geprüft zu werden, da hier nur entschieden wird, daß der
Förderungsausschuß sich *tatsächlich* auch auf die BBewBed stützt. Ob dies
zulässig ist, wird unten in § 40 B zu erörtern sein.

[20] So *Kölble:* DöV 1960, 650, Anm. 10; ob er auch jetzt — trotz des Verwaltungsabkommens — dieser Ansicht ist, erscheint zweifelhaft.

Einigung zwischen Bund und Ländern herbeizuführen und nicht nur
eine gegenseitige unverbindliche Fühlungnahme vorzunehmen ist[21].

Somit stellen Bund und Länder die Richtlinien für die Studentenförderung gemeinsam auf. Wenn sie die Studentenförderung auch zusammen durchführten, läge eine sog. „Mischverwaltung" vor[22]. Da sie
jedoch nur gemeinsam den Hochschulen den Auftrag zur Förderung
erteilen und diese die Ausführung übernommen haben, kann man die
heutige Verwaltungspraxis als „mittelbare Mischverwaltung" der Hochschulen im Auftrage des Bundes und des jeweiligen Landes bezeichnen.

Zweites Kapitel

Zulässigkeit der gegenwärtigen Regelung

Es stellt sich nunmehr die Frage, ob diese mittelbare Mischverwaltung
von Bund und Ländern verfassungsrechtlich zulässig ist.

Dies läßt sich nicht unter Bezugnahme auf das Verwaltungsabkommen entscheiden, in dem sich Bund und Länder über diese Verwaltungspraxis geeinigt haben; durch ein Verwaltungsabkommen
können bestehende Zuständigkeiten nämlich nicht geändert werden[23].

Somit bleibt zu prüfen, wem nach dem Grundgesetz die Verwaltungskompetenz bzgl. der Studentenförderung zukommt.

§ 37 Verwaltungskompetenz der Länder gem. Art. 30 GG?

Nach Art. 30 GG könnten die Länder zur Verwaltung der Studienförderung zuständig sein.

Bevor die Voraussetzungen des Art. 30 GG untersucht werden, ist
zunächst zu prüfen, ob die Zuständigkeitsabgrenzung des Art. 30 GG
auch für die Studentenförderung nach dem Honnefer Modell gilt, die
durch Erlaß von Verwaltungsakten vollzogen wird. Obwohl zweifelhaft
ist, ob die fiskalische oder schlicht hoheitliche Verwaltung unter Art. 30
GG fällt[24], ist fast allgemein anerkannt, daß die gesetzesgebundene

---

[21] Schon vor Erlaß des Verwaltungsabkommens wurde praktisch ebenso
verfahren, allerdings damals auf Grund der formlosen Übereinkunft auf der
Hochschultagung in Bad Honnef; vgl. *Kölble:* SchrHS 11, 32 und *v. Rundstedt*
5.

[22] Vgl. *Maunz-Dürig* Art. 83, Rdnr 57 und *Maunz* 214 f.

[23] S. *Maunz-Dürig* Art. 83, Rdnr 39. Das sollte durch das Verwaltungsabkommen auch nicht geschehen, wie sich aus dessen Schlußprotokoll
Ziff. 4 a ergibt.

[24] Vgl. die Aufstellung bei *Kölble:* DöV 1963, 660.

und -freie[25] Wahrnehmung öffentlicher Angelegenheiten durch den Erlaß von Verwaltungsakten „Ausübung der staatlichen Befugnisse" oder „Erfüllung der staatlichen Aufgaben" iS des Art. 30 GG ist[26]. Somit richtet sich die Zuständigkeit zur Studentenförderung nach Art. 30 GG[27].

Daraus folgt, daß die Länder die Verwaltungskompetenz haben, wenn im Grundgesetz keine andere Regelung getroffen oder zugelassen ist.

§ 38 Selbstverwaltungsangelegenheit der Hochschule?

Da die Hochschule gem. Art. 5 III GG das Recht der Selbstverwaltung hat[28], könnte sie auch zur Durchführung der Förderung der bei ihr immatrikulierten Studenten in Eigenverwaltung zuständig sein[29].

Das Selbstverwaltungsrecht der Hochschulen beschränkt sich aber gem. Art. 5 III GG auf die Forschung und Lehre betreffenden Angelegenheiten[30]. Die Förderung der Studenten an den wissenschaftlichen Hochschulen hat zumindest unmittelbar nichts mit Forschung und Lehre zu tun, deshalb gehören die diesbezüglichen Maßnahmen auch nicht zu den inneren Angelegenheiten der Hochschulen und werden also nicht von ihrem Selbstverwaltungsrecht umfaßt[31].

Folglich ist es nicht unzulässig, daß die Hochschulen das Honnefer Modell im Rahmen der Auftragsverwaltung durchführen.

---

[25] S. BVfG v. 28. Febr. 1961 (2 BvG 1, 2/60): E 12, 205 (246) und *Köttgen:* Staats- und verwaltungswissenschaftliche Beiträge 190 sowie *Kölble:* DöV 1963, 661.

[26] S. zB BVfG aaO S. 244; *v. Mangoldt-Klein* Art. 30, Anm. III 1 b; *Hans Klein* 758 und *Wolff* III § 154 IV b; aM *Peters* 294, der Art. 30 GG nur für einen Programmsatz hält, der eine Kompetenzvermutung ausspreche; seiner Meinung kann jedoch nicht gefolgt werden, da es keinen Grund dafür gibt, diese Grundgesetznorm als derart unverbindlich anzusehen.

[27] Die Art. 83 ff. GG sind nicht anwendbar, da die Studentenförderung nicht formellgesetzlich geregelt ist.

[28] S. zB *Maunz* 91; s.a. zB § 3 I der Verfassung der Westfälischen Wilhelms-Universität zu Münster v. 8. Nov. 1960 (nwABlKM 180).

[29] So wohl die Empfehlungen der Abteilung II der Hochschultagung in Bad Honnef: Form und Organisation der Studentenförderung I (*Neuhaus* 459 f.), wonach die Aufstellung der „Maßstäbe für eine ‚gezielte' Förderung ... ein Teil des Erziehungsauftrages der Hochschule" ist.

[30] Vgl. zB *v. Mangoldt-Klein* Art. 5, Anm. X 2 b; *Wolff*, Rechtsgestalt 13 und *ders.* II § 93 III c; s.a. § 3 der Verfassung der Westfälischen Wilhelms-Universität Mstr, der bei einer ausführlichen Aufzählung der Selbstverwaltungsangelegenheiten der Universität die Studentenförderung nicht erwähnt.

[31] S. zB *Köttgen:* Die Grundrechte II 328; *Tupetz* 41; *Wolff* II § 93 III c und III § 155 III e 1; im Ergebnis wohl ebenso *Thieme*, Recht und Pflicht 19; aM ohne Begründung VG Bln v. 29. Juni 1961 (I a A 57/60): JR 1961, 477 (478) und *Möller* 4.

§ 39 Verwaltungskompetenz des Bundes?

Mit Rücksicht auf Art. 30 GG kann der Bund nur dann zur Verwaltung der Studentenförderung nach dem Honnefer Modell zuständig sein, wenn im Grundgesetz eine entsprechende Regelung enthalten ist[32].

A. Ausdrückliche Bundeszuständigkeit?

Die Verwaltungskompetenzen des Bundes sind in den Art. 87 ff. GG aufgeführt und enthalten keine Vorschriften über die Studentenförderung. Somit weist das Grundgesetz dem Bund die Verwaltung der Studentenförderung nicht ausdrücklich zu.

B. Mitgeschriebene Bundeszuständigkeit?

Mithin könnte sich die Zuständigkeit des Bundes nur aus einer stillschweigenden oder mitgeschriebenen Verwaltungskompetenz ergeben[33].

Weil das Grundgesetz in den Art. 70 ff. die Gesetzgebungs- und in den Art. 83 ff. die Verwaltungskompetenzen geregelt hat, könnte man geneigt sein, daraus zu folgern, dies sei eine abschließende Aufzählung, neben der es keine stillschweigend mitgeschriebenen Bundeskompetenzen gebe[34]. Demgegenüber ist jedoch zu berücksichtigen, daß infolge der schnellen Ausarbeitung des Grundgesetzes und der politischen Umstände, unter denen es zustande kam, es wohl nicht als alles regelnde Vollverfassung angesehen werden kann[35]. Zudem enthält der Wortlaut des Art. 30 GG keinen Hinweis darauf, daß nur ausdrückliche Bundeszuständigkeiten gemeint sind[36]. Somit ist davon auszugehen, daß es mitgeschriebene Bundeszuständigkeiten geben kann[37].

Da der Bund aber mit Rücksicht auf die Regelung in den Art. 30, 70 ff., 83 ff. GG nicht alle Kompetenzen an sich ziehen kann, gilt es einen Maßstab zu finden, der angibt, wie weit die Verwaltungskompetenz[38] des Bundes reicht.

---

[32] S. *Mallmann* 195, 200.

[33] Das häufig hierfür verwendete Wort „ungeschrieben" ist mißverständlich, weil es den Eindruck erweckt, es handele sich um überpositives Recht, während diese Zuständigkeit aus der geschriebenen Verfassung abgeleitet wird; vgl. Erich *Küchenhoff* 416.

[34] So *Hamann* Art. 30, Anm. B 6.

[35] S. *Achterberg* 80 f.

[36] S. *Achterberg* 86.

[37] S. zB die unten zitierten Entscheidungen des BVfG; *Kölble:* DöV 1965, 76 und *Schunck* 5.

[38] Da das Honnefer Modell nur verwaltet wird, interessiert hier zunächst nur die Verwaltungs-, nicht aber die Gesetzgebungskompetenz.

Man könnte die Grenze nach Zweckmäßigkeitsgesichtspunkten ziehen[39], und zwar dem Bund zubilligen, überregional wichtige Aufgaben selbst zu erledigen[40] oder solche, zu deren Durchführung die Finanz- oder Verwaltungskraft der Länder nicht ausreicht. Ein solches Abgrenzungsverfahren würde jedoch dem Bund die Möglichkeit geben, nach seinem Gutdünken viele Aufgaben selbst zu erledigen und so die Regelung der Art. 30, 73 ff. und 83 ff. GG zu umgehen[41].

Deshalb gilt es, aus dem Grundgesetz die Grenze für ein mögliches Verwaltungshandeln des Bundes zu entnehmen. Aus diesem Grunde wird zT die Gesetzgebungskompetenz des Bundes für die äußerste Schranke seiner Verwaltungszuständigkeit gehalten[42]. Diese Meinung wird vom Bundesverfassungsgericht mit einem Vergleich zwischen den Art. 70 ff. und 83 ff. GG begründet, wonach die Verwaltungskompetenz der Länder weiter reicht als ihre Gesetzgebungskompetenz.

Folgt man dieser Ansicht, so vermeidet man die Nachteile, die sich ergeben, wenn man eine mitgeschriebene Verwaltungszuständigkeit des Bundes überhaupt verneint, und erhält außerdem eine Schranke gegenüber einem zu großen potentiellen Zuständigkeitsbereich des Bundes. Das Abstellen auf die Gesetzgebungskompetenz des Bundes rechtfertigt sich damit, daß dem Bund durch das Grundgesetz eine Regelungsbefugnis hinsichtlich eines Sachgebietes gegeben ist, wenn ihm die diesbezgl. Gesetzgebungskompetenz zusteht. Da er den Ländern durch Gesetz vorschreiben kann, wie sie diese Aufgabe durchführen sollen, kann unter gewissen Voraussetzungen, wenn es nämlich die Natur der Sache, der Sachzusammenhang oder die Annexzuständigkeit erfordern, dem Bund die Befugnis zustehen, diese Aufgabe selbst wahrzunehmen[43].

Somit soll anhand dieser Meinung geprüft werden, ob der Bund bzgl. der Förderung von Studenten eine mitgeschriebene Verwaltungszuständigkeit hat.

I. Gesetzgebungskompetenz des Bundes

Es stellt sich also zunächst die Frage, ob der Bund die Gesetzgebungskompetenz für die Förderung der Studenten hat.

---

[39] Vgl. *Peters* 295 f.

[40] So *Peters* 282; *Kölble:* DöV 1964, 593 f. und *Scheuner:* DöV 1965, 544.

[41] S. BVfG v. 15. März 1960 (2 BvG 1/57): E 11, 6 (18); v. 28. Febr. 1961 (2 BvG 1, 2/60): E 12, 205 (251 f.); *Kölble:* DöV 1963, 668 und *Stralenheim* 73 f.

[42] S. zB BVfG v. 28. Febr. 1961 (2 BvG 1, 2/60): E 12, 205 (229, 250); ebenso BVwG v. 19. Dez. 1958 (VII C 204/57): NJW 1959, 1098 (1099); *Klein:* SchrHS Bd. 11, 169; *Köttgen:* JöR 11, 255 und *Böckenförde* 203; aM *Peters* 292.

[43] S. *Kölble:* DöV 1965, 77.

a) Art. 74 Ziff. 13 GG?

Der Bund wäre konkurrierend zum Erlaß eines die Studentenförderung regelnden Gesetzes gem. Art. 74 Ziff. 13 GG zuständig, wenn
Studentenförderung als Förderung der wissenschaftlichen Forschung
anzusehen wäre[44].

Die geförderten Studenten werden an der Hochschule wissenschaftlich ausgebildet. Selbst betreiben sie — zumindest in der Zeit, in der
sie die Unterstützung erhalten, — keine wissenschaftliche Forschung.
Ein kleiner Teil der geförderten Studenten widmet sich vielleicht im
Anschluß an das Studium der Forschung. Da das Honnefer Modell
aber in erster Linie einer großen Zahl begabter junger Menschen eine
akademische Ausbildung gewähren und nicht für wissenschaftlichen
Nachwuchs sorgen will, ist die Förderung der Studenten nicht Forschungsförderung.

Aus Art. 74 Ziff. 13 GG ergibt sich somit keine Gesetzgebungskompetenz des Bundes[45].

b) Art. 74 Ziff. 7 GG

Gem. Art. 74 Ziff. 7 GG ist der Bund konkurrierend zum Erlaß von
Gesetzen auf dem Gebiete der „öffentlichen Fürsorge" zuständig.

Wenn unter Fürsorge hier der verwaltungsrechtliche Begriff zu verstehen ist, so fällt das Honnefer Modell nicht darunter, weil es keine
(Armenfürsorge oder besser) Sozialhilfe ist[46]. Diese enge Auslegung
des Fürsorgebegriffs ist von *Bettermann*[47] und *Hamann*[48] damit begründet worden, daß soziale Hilfsmaßnahmen zB auch in Art. 74
Ziff. 10 und 12 GG erwähnt und daß diese anderen Bestimmungen
überflüssig seien, wollte man den Begriff „öffentliche Fürsorge" weiter
auslegen. Allein aus der Tatsache, daß der Bund für ein Sachgebiet
vielleicht gem. mehrerer Ziff. des Art. 74 GG die konkurrierende
Gesetzgebungskompetenz hat, läßt sich aber nicht schließen, daß der

---

44 So OVG Bln v. 23. Mai 1962 (I a B 11. 61): RWS 1963, 152; *Gerber*,
Hochschulrecht I 163 f. und *Bundesbericht Forschung* I 43.

45 S. *Klein*: SchrHS Bd. 11, 169; *v. Mangoldt-Klein* Art. 74, Anm. XXVI 5 a;
Kölble: DöV 1964, 593 und *Wolff* III § 155 III b 1. Insoweit ist die Bezeich-
nung des Verwaltungsabkommens „zur Förderung von Wissenschaft und
Forschung" mißverständlich. Auch die Bundesregierung hält die Studentenförderung nicht für Förderung der Forschung; denn sie hat für beide Dinge
zwei verschiedene Haushaltsposten angesetzt.

46 S.o. § 16.

47 S. 96 f.

48 Art. 74, Anm. 14.

Fürsorgebegriff des Grundgesetzes so eng ist wie der verwaltungsrechtliche[49].

Demgegenüber ist mit der Rechtsprechung[50] und der hM in der
Rechtslehre[51] davon auszugehen, daß unter Art. 74 Ziff. 7 GG Fürsorge
für das gesamte Wohl der natürlichen Personen zu verstehen ist. Das
ergibt sich aus Art. 1 und 20 GG, denn in einem sozialen Staat ist nicht
nur das Existenzminimum zu sichern, sondern die Fürsorgepflicht des
Staates geht so weit, daß jedem einzelnen ein seiner Würde ent-
sprechendes Dasein ermöglicht wird[52].

Dazu gehört auch die Möglichkeit zu einer seinen Fähigkeiten entsprechenden Ausbildung[53], die das Honnefer Modell — wie oben ausgeführt[54] — bezweckt.

Somit ist die Studentenförderung Fürsorge iS des Art. 74 Ziff. 7
GG[55].

Neben dieser den einzelnen betreffenden Zielsetzung soll mit dem
Honnefer Modell aber auch der allgemeine kulturpolitische Zweck
erreicht werden, den akademischen Nachwuchs zu vergrößern und das
allgemeine Bildungsniveau zu heben[56]. Kultur- und Bildungspolitik
unterfallen aber der Kulturhoheit der Länder. Insoweit besteht keine
Gesetzgebungskompetenz des Bundes[57].

Da die Förderung der Studenten nach dem Honnefer Modell sowohl
einen sozialen als auch einen kulturpolitischen Aspekt hat, hängt die
Entscheidung über die diesbezügl. Kompetenz letztlich davon ab, ob
sich das Honnefer Modell als soziale Maßnahme mit kulturpolitischem
Sekundäreffekt oder als Bildungsförderung mit sozialem Sekundäreffekt darstellt[58].

---

[49] S. *v. Mangoldt-Klein* Art. 74, Anm. XV 2 a.

[50] S. zB BSG v. 20. Dez. 1957 (7 RKg 4/56): E 6, 213 (219) und LSG Essen
v. 10. Juli 1957 (5 KG 8/57): MDR 1958, 125.

[51] S. zB *Herrfahrdt: Bonner Kommentar* Art. 74, Anm. I 2 Ziff. 7; *Bogs* 7;
v. Mangoldt-Klein Art. 74, Anm. XV 2 und *Wolff* III § 138 I c 2.

[52] S.o. § 20 A.

[53] So *v. Mangoldt-Klein* Art. 74, Anm. XV 2 j.

[54] S.o. § 12 A.

[55] So neuerdings auch ausdr. *Wolff* III § 155 III b 1.

[56] S.o. § 12 A und *Oehler:* DUZ 1961, H. 10, S. 7.

[57] S. BVfG v. 26. März 1957 (2 BvG 1/55): E 6, 309 (354); *Thieme* 2, 21;
Wende: RWS 1962, 98; *Kölble:* DÖV 1964, 593; *Scheuner:* DÖV 1965, 544 und
Stralenheim 74.

[58] Diese Ausdrücke sind in Anlehnung an *Köttgen:* Staats- und verwaltungswissenschaftliche Beiträge 193 gewählt worden, der die Bundesmittel
für Studenten nach dem Bundesjugendplan als Mittel aus dem Sozialfonds
mit kulturpolitischem Sekundäreffekt bezeichnet.

7*

Oben ist das Honnefer Modell bereits als ein Ausdruck für das allgemeine Streben nach sozialer Sicherheit und Gerechtigkeit bezeichnet worden[59]. Das wichtigste Ziel der allgemeinen Studentenförderung besteht darin, den Studenten von dem Zwang zur Werkarbeit zu befreien, damit ein geregelter Studienablauf ermöglicht wird. Daneben wird auch der bildungspolitische Zweck verfolgt, die Begabungsreserven zu wecken. Dieses Ziel wird jedoch in vielen Fällen nicht erreicht, weil fast jeder Vierte, der für geeignet gehalten wurde, das Schlußexamen nicht besteht[60]. Da somit die mit der Förderung verbundene sozialpolitische Absicht stets, die bildungspolitische aber nur zT mit der Förderung der Studenten verwirklicht wird, stellt das Honnefer Modell eine sozialpolitische Maßnahme mit kulturpolitischem Sekundäreffekt dar.

Folglich liegt die Gesetzgebungskompetenz für die Studentenförderung gem. Art. 74 Ziff. 7 GG beim Bund[61].

Klein[62] äußert Bedenken gegen diese Annahme, weil durch das Honnefer Modell eine „hochschulgerechte" Förderung der Studenten bewirkt werden solle. Da mit diesem unbestimmten Begriff aber nur zum Ausdruck gebracht wird, daß die Förderung dem Studiengang anzupassen ist, sagt diese Formulierung nicht zwingend etwas darüber aus, ob die Studentenförderung eine soziale Maßnahme ist. Folglich lassen sich aus ihr wohl keine Schlüsse hinsichtlich der Gesetzgebungskompetenz ziehen. *Tupetz*[63] führt ohne nähere Begründung aus, dem Bund stehe gem. Art. 74 Ziff. 7 GG zwar die Gesetzgebungskompetenz zur wirtschaftlichen Fürsorge für die Studenten, nicht jedoch zur Regelung von Eignungsfeststellung, Organisation und Verfahren der Studentenförderung zu. Dieser Meinung ist entgegenzuhalten, daß die Zuständigkeit zum Erlaß eines Leistungen betreffenden Gesetzes notwendigerweise auch die Befugnis mitumfaßt, Organisation, Verfahren und Kreis der Berechtigten zu bestimmen.

II. Verwaltungszuständigkeit des Bundes kraft Natur der Sache?

Obzwar nun dargelegt ist, daß der Bund die Gesetzgebungskompetenz bzgl. der Förderung der Studenten hat, steht ihm die Verwal-

---

[59] S.o. § 4.

[60] Vgl. den Bericht: RWS 1962, 128.

[61] So *Tietmeyer* 200; neuerdings *Wolff* III § 155 III b 1 und wohl auch *Thieme*, Recht und Pflicht 14 f.; aM *Kölble*: DöV 1964, 595.

[62] *v. Mangoldt-Klein* Art. 74, Anm. XXVII 2 b.

[63] Hochschuldienst: DUZ 1962, H. 7, S. 36 und wohl ähnlich *Scupin*: VVDStRL 16, 263.

tungskompetenz nur zu, wenn sie sich aus der Natur der Sache ergibt[64].

Nach der Meinung des Bundesverfassungsgerichtes ist die Zuständigkeit kraft Natur der Sache nur gegeben, wenn lediglich die Verwaltung der betreffenden Angelegenheit durch den Bund sachgerecht erscheint[65]. Weil die mitgeschriebenen Verwaltungszuständigkeiten des Bundes — wie oben dargelegt — mit Rücksicht auf die Art. 30, 70 ff. und 83 ff. GG eng ausgelegt werden müssen, ist diese Einschränkung des Bundesverfassungsgerichtes zutreffend.

Die Durchführung der Studentenförderung allein durch die Länder könnte an den einzelnen Hochschulen zu verschiedenen Förderungsbedingungen und -beträgen führen. Dadurch würde die Freizügigkeit der Studenten, die durch Art. 12 GG gewährleistet ist[66], erheblich eingeschränkt. Auch in Hinblick auf Art. 3 I GG erscheint eine einheitliche Förderung der Studenten notwendig. Denn es gibt keinen sachlichen Grund dafür, gleich geeignete und bedürftige Studenten zB in Hamburg und München verschieden zu fördern.

Aus diesen Argumenten ergibt sich nicht, daß der Bund die Förderung der Studenten selbst verwaltend durchführen darf, wohl aber, daß er die Normen aufstellen kann, nach denen einheitlich im ganzen Bundesgebiet verfahren wird. Deshalb ist es sachgerecht, daß der Bund, solange eine gesetzliche Regelung fehlt, Richtlinien über die Studentenförderung erläßt und diese in seinem Auftrage durchgeführt werden; nicht sachgerecht wäre es dagegen, wenn der Bund die Förderung selbst vornähme[67].

Somit besteht keine Verwaltungskompetenz des Bundes bzgl. der Studentenförderung; der Bund darf jedoch Richtlinien für die Verwaltung der Studentenförderung erlassen[68].

§ 40 Zulässigkeit der mittelbaren Mischverwaltung

Anhand dieser Grundsätze wird nun untersucht, ob die mittelbare Mischverwaltung, d. h. die Verwaltung der Studentenförderung durch

---

[64] Eine Zuständigkeit kraft Sachzusammenhangs oder als Annex ist offensichtlich nicht gegeben.

[65] S. BVfG v. 10. Mai 1960 (2 BvO 6/56): E 11, 89 (99); v. 28. Febr. 1961 (2 BvG 1, 2/60): E 12, 205 (251); so auch *Maunz-Dürig* Art. 30, Rdnr 14, Art. 83, Rdnr 30; *Stralenheim* 74 und *Schunck* 5.

[66] Vgl. *Thieme*: JZ 1959, 270.

[67] Vgl. BVfG v. 15. März 1960 (2 BvG 1/57): E 11, 6 (18) und *Kölble*: DöV 1963, 671; 1964, 593; 1965, 77.

[68] So wohl auch *Wolff* III § 155 III b; vgl. zB *Henle* 66 ff., insbes. 69 und *Klein*: SchrHS 11, 169, die ebenfalls eine Verwaltungskompetenz der Länder annehmen.

die Hochschulen auf Grund der in gegenseitigem Einvernehmen erlassenen LRichtl *und* BBewBed zulässig ist. Dabei ist zunächst
festzustellen, ob die BBewBed und LRichtl der Hochschule die Studentenförderung wirksam übertragen; sodann wird geprüft, ob das
Verwaltungsabkommen, nach dem Bund und Länder die Richtlinien
für die Studentenförderung in gegenseitigem Einvernehmen erlassen,
zulässig ist.

A. Zulässigkeit der Auftragsverwaltung auf Grund der LRichtl

Daß die Länder die Verwaltungskompetenz für eine Aufgabe haben,
besagt noch nicht, daß sie sie in Eigenverwaltung durchführen müssen.
Sie können sie auch in ihrem Auftrage durch andere unterstaatliche
Träger öffentlicher Verwaltung wahrnehmen lassen[69]. Somit ist die
Übertragung der Durchführung der Studentenförderung auf die
Hochschulen, zu deren Selbstverwaltungsangelegenheiten diese Maßnahme nicht gehört[70], durch die LRichtl wirksam geschehen[71].

B. Zulässigkeit der Auftragsverwaltung auf Grund der BBewBed

Da der Bund Richtlinien bezgl. der Studentenförderung aufstellen
darf, würden die BBewBed — wären sie eine Verwaltungsverordnung
— eine Bindung der mit der Verwaltung beauftragten Hochschulen
bewirken. Wenn oben auch ausgeführt worden ist, daß die BBewBed
als Rechtsverordnung nicht wirksam erlassen worden sind[72], so ist
damit noch nichts darüber ausgesagt, ob sie eine Verwaltungsverordnung sind. Entscheidend für die Abgrenzung von Rechts- und Verwaltungsverordnungen ist nicht die Form, in der die Verwaltung die
Vorschriften erlassen hat, sondern der Inhalt der zu überprüfenden
Norm[73].

Da die BBewBed den LRichtl entsprechen, könnte man geneigt sein,
sie gleichfalls inhaltlich für eine Rechtsverordnung zu halten, weil
sie für die Studenten ebenfalls unmittelbare Wirkungen haben
könnten[74]. In diesem Falle wären sie nichtig.

---

[69] S. zB *Maunz-Dürig* Art. 85, Rdnr 13.
[70] S.o. § 38.
[71] S.o. § 24.
[72] S.o. § 25.
[73] S.o. § 24 A und OVG Mstr v. 8. Sept. 1966 (V A 1639/64): NJW 1967, 949 (951).
[74] S.o. § 24 B.

Um dieses Ergebnis zu vermeiden, könnte man die Bestimmungen der BBewBed aber auch so auslegen, daß nur den Förderungsausschüssen Kriterien an die Hand gegeben werden sollen, auf Grund deren sie entscheiden sollen, ob ein Student gefördert werden kann[75]. Nach dieser Auslegung haben die BBewBed, auch soweit sie die Studenten betreffen, keine unmittelbaren Wirkungen für diese. Zwar mögen die BBewBed den Studenten eine Destination gewähren, da sie den Hochschulen ebenso wie die LRichtl einen Ermessensspielraum belassen[76]; eine Destination räumt aber keinen Rechtsanspruch ein[77].

Diese letzte Auslegung ist zulässig, weil nach ihr die BBewBed als Verwaltungsverordnung Rechtsgültigkeit haben und weil sie dem Sinn und Wortlaut dieser Vorschrift entspricht[78].

Somit kann man die BBewBed so auslegen, daß sie sich nur an die Hochschulen und die Studentenwerke wenden. Da diese Träger öffentlicher Verwaltung sind[79] und die Studentenförderung im Rahmen der Auftragsverwaltung weisungsgebunden durchführen[80], sind die BBewBed eine Verwaltungsverordnung[81].

C. Zulässigkeit des Verwaltungsabkommens

Es hat sich herausgestellt, daß die BBewBed und LRichtl — für sich genommen — den Hochschulen die Studentenförderung wirksam übertragen. Es bleibt nunmehr zu prüfen, ob es auch zulässig ist, daß Bund und Länder sich in dem Verwaltungsabkommen verpflichtet haben, die BBewBed und LRichtl in gegenseitigem Einvernehmen aufzustellen. Zunächst wird untersucht, ob eine „mittelbare Mischverwaltung" überhaupt und dann, ob diese Bindung des Bundes und der Länder rechtsgültig ist.

Da nicht jede Mischverwaltung von Bund und Ländern verboten ist[82], ist auch eine „mittelbare Mischverwaltung" nicht schlechthin unzulässig.

---

[75] Dafür spricht zB, daß in BBewBed A IV 2 b zunächst gesagt wird, der Antragsteller müsse über seine und seiner Unterhaltsverpflichteten wirtschaftliche Lage Angaben machen. Danach wird angeordnet, daß idR davon auszugehen sei, der Student sei nicht bedürftig, wenn er diese Angaben nicht mache.

[76] S.o. § 29 E.

[77] S. *Wolff* I § 43 II c.

[78] Vgl. *Wolff* I § 28 III c 3.

[79] S.o. §§ 12 B II b 1, 30 f.

[80] Vgl. *Wolff* I § 4 I c 2 β.

[81] S.o. 2. Abschn., Anm. 1.

[82] S. *Gerner* 195 und *Füsslein* 2 f.

Verwaltungsabkommen darf der Bund mit den Ländern in der Regel abschließen, soweit er Verwaltungsrichtlinien erlassen kann und nicht Dinge behandelt werden, die nur gesetzlich geregelt werden dürfen[83]; denn auch die Länder sind Staaten und dürfen gem. Art. 32 III GG sogar Verträge mit ausländischen Staaten schließen. Wie bereits ausgeführt, darf der Bund die Verwaltungsrichtlinien bezgl. der Förderung der Studenten erlassen[84]; eine gesetzliche Regelung dieses Sachgebietes ist nicht erforderlich[85].

Somit scheint das Verwaltungsabkommen zulässig zu sein. Bedenken bestehen jedoch insoweit, als der Bund sich gebunden hat, die Richtlinien nur im Einverständnis mit den Ländern festzusetzen. Diese Bestimmung muß man wohl so auslegen, daß der Widerspruch eines Landes eine weitere Förderung der Studenten verhindern könnte. Obzwar diese Möglichkeit besteht, kann man nicht auf die Unzulässigkeit des Verwaltungsabkommens schließen, denn es ist dem Bund nicht verboten, freiwillig seine Entscheidungsfreiheit einzuschränken[86]. Das muß insbes. dann zulässig sein, wenn er zwar Verwaltungsrichtlinien erlassen darf, die Verwaltungskompetenz jedoch bei den Ländern liegt. Da diese sich dem Bund gegenüber keiner Zuständigkeiten begeben, sondern ihren Einfluß durch die Einwirkungsmöglichkeit auf den Erlaß der Richtlinien vergrößern, war der Abschluß des Verwaltungsabkommens auch für die Länder verfassungsrechtlich zulässig[87].

Die Verwaltungskompetenz für die Maßnahmen der Studentenförderung liegt demnach bei den Ländern, die nach den Richtlinien des Bundes handeln müßten. Gleichwohl ist eine Verwaltung durch die Hochschulen im Auftrage des Bundes oder aber — wie *heute* praktiziert — im Auftrage des Bundes *und* des jeweiligen Landes zulässig.

---

[83] S. BVfG v. 21. Mai 1952 (2 BvH 2/52): E 1, 299 (308); *Maunz* 225; *Maunz-Dürig* Art. 83, Rdnr 50 ff.; *v. Mangoldt-Klein* Art. 59, Anm. V 4 und *Kölble*: DöV 1960, 655 f.; s.a. *Gross* 1488 f. und *ders.*: NJW 1967, 1002.

[84] S.o. § 39 B.

[85] S.o. § 18.

[86] Im Ergebnis ebenso *Gerner* 194; *Maunz-Dürig* Art. 83 Rdnr 59; *Kölble*: DöV 1964, 595 und *Gross*: NJW 1967, 1002.

[87] Vgl. *Gerner* 194.

Fünfter Abschnitt

Rechtsstellung der Studenten

Bisher ist die Studentenförderung nach dem Honnefer Modell nur
unter dem Gesichtspunkt untersucht worden, welchen rechtlichen
Charakter die Maßnahmen des Förderungsausschusses und des Studentenwerkes haben und ob ihr Handeln zulässig ist. Im letzten Abschnitt soll nun die Rechtsstellung der Empfänger dieser Zuwendungen
erörtert werden. Dabei wird zunächst zu klären versucht, wer nach dem
Honnefer Modell gefördert werden kann. Anschließend soll geprüft
werden, ob derjenige, der die Voraussetzungen für eine Aufnahme in
die Förderung erfüllt, einen Anspruch auf die Stipendien und Darlehen
hat.

Erstes Kapitel

Voraussetzungen für die Studentenförderung im Einzelfall

Die BBewBed und LRichtl bestimmen, daß geeignete und wirtschaftlich bedürftige deutsche oder ihnen rechtlich gleichgestellte Studenten
gefördert werden können[1].

§ 41 Deutsche oder ihnen rechtlich gleichgestellte Studenten

Voraussetzung für die Aufnahme in das Honnefer Modell ist also
zunächst, daß der Bewerber Student an einer wissenschaftlichen Hochschule[2] ist, d. h. daß er durch Immatrikulation das akademische Bür-
gerrecht erworben hat[3]. Da Gasthörer nicht in diesem Sinne Mitglieder
der Hochschule sind[4], können sie nicht gefördert werden[5].

Wenn deutsche und ihnen rechtlich gleichgestellte Studenten in das
Honnefer Modell aufgenommen werden können, so besagt dies, daß

---

[1] Vgl. BBewBed A II 1.
[2] S.o. § 12 B II b 1.
[3] S. *Holtz* 15; *Köttgen* 161; *Wolff* II § 93 III e 2 α, β und *Sofsky*: RWS
1964, 225.
[4] S. *Thieme* 302, 320.
[5] Vgl. zB BBewBed B II.

alle Deutschen iS des Art. 116 I GG, sofern die übrigen Voraussetzungen gegeben sind, gefördert werden können[6]. Die BBewBed und
LRichtl verstoßen nicht gegen Art. 3 III GG; denn es erscheint sachgerecht, Ausländern nicht die allgemeine Studentenförderung nach
dem Honnefer Modell zu gewähren[7], da nicht einmal alle deutschen
Studenten diese Unterstützung erhalten.

§ 42 Eignung und Bedürftigkeit

Nicht alle, sondern nur die geeigneten Studenten, die einer wirtschaftlichen Hilfe bedürfen, können gefördert werden. Wer als geeignet anzusehen, wie die Eignung festzustellen und ob Bedürftigkeit
gegeben ist, wird in den BBewBed und LRichtl ausführlich geregelt[8].

A. Rechtscharakter dieser Begriffe

Bei der rechtlichen Einordnung der Studentenförderung interessiert
der Rechtscharakter der Begriffe Eignung und Bedürftigkeit. Sie
könnten unbestimmte (Rechts- oder besser) Gesetzesbegriffe sein[9], die
dem Förderungsausschuß einen Beurteilungsspielraum einräumen.
Wäre dies der Fall, so wäre die Entscheidung des Förderungsausschusses uU richterlich nicht voll überprüfbar.

Der Begriff „Bedürftigkeit" ist an sich nicht bestimmt. Auch durch
die Umschreibung der LRichtl: „Einer wirtschaftlichen Hilfe bedarf
der Student, der in zumutbaren Grenzen weder allein noch mit Hilfe
seiner Unterhaltungsverpflichteten die Kosten seines Studiums aufzubringen vermag"[10], wird er nicht zu einem bestimmten Begriff. Da
aber in Teil C der LRichtl[11] die Voraussetzungen der Bedürftigkeit
genau festgelegt worden sind, ist Bedürftigkeit iS der LRichtl kein
unbestimmter, sondern ein bestimmter Gesetzesbegriff.

Etwas anderes gilt hinsichtlich der Eignung, da der Hochschule die
Regelung von Form und Umfang der Eignungsfeststellung übertragen
worden ist[12]. Somit wird der Hochschule gestattet, selbst verbindlich
zu interpretieren, welche Maßstäbe sie bei Feststellung der Eignung
anlegen will. Damit hat sie die Möglichkeit, über das Vorliegen dieser
Voraussetzung für die Aufnahme in die Förderung wertend zu entscheiden.

---

[6] S. *Maunz* 34.
[7] Vgl. *v. Mangoldt-Klein* Art. 3, Anm. II 7.
[8] S. o. § 8.
[9] So *Sofsky*: RWS 1964, 227.
[10] S. zB nwRichtl 1 A I 3; vgl. auch BBewBed A II 3.
[11] Vgl. auch BBewBed C.
[12] S. zB nwRichtl 1 B I; vgl. auch BBewBed B I.

Diese Freiheit, die dem für die Hochschule handelnden Förderungsausschuß eingeräumt worden ist, könnte ein Ermessensspielraum sein, der sich auf die Feststellung einer der Voraussetzungen, nicht dagegen — wie oben ausgeführt[13] — auf die Rechtsfolge bezieht[14]. Während es sich bei der Ausübung des Ermessens hinsichtlich der Rechtsfolge um eine Willensentscheidung handelt[15], interpretiert der Förderungsausschuß bei der Eignungsfeststellung eine der Voraussetzungen für sein Handeln, subsumiert also unter einen Rechtsbegriff, nimmt folglich einen Erkenntnisakt vor[15]. Der Begriff „Eignung" iS der LRichtl ist daher ein unbestimmter Gesetzesbegriff.

Da der Förderungsausschuß selbst Form und Umfang der Eignungsfeststellung regeln kann, könnte man geneigt sein, ihm einen Beurteilungsspielraum zuzubilligen. Dieser Ausdruck ist jedoch bzgl. der Eignung mißverständlich, weil beim Vorliegen eines Beurteilungsspielraumes die Verwaltungsbehörde idR anhand eines im Gesetz enthaltenen Maßstabes die Entscheidung zu treffen hat, während es dem Förderungsausschuß auch überlassen wird, den Maßstab für die Beurteilung der Eignung verbindlich zu interpretieren. Folglich liegt in der Entscheidung des Förderungsausschusses ein höchstpersönliches Fachurteil[16].

Mithin ist Eignung iS der LRichtl ein unbestimmter Gesetzesbegriff; die Eignung wird durch ein höchstpersönliches Fachurteil festgestellt. Die richterliche Prüfung beschränkt sich auf die Untersuchung, ob der Förderungsausschuß von den richtigen Tatsachen ausgegangen ist, die allgemeingültigen Bewertungsgrundsätze zugrunde gelegt, nicht auf Grund sachfremder Erwägungen entschieden und das Gleichheitsgebot sowie die Verfahrensvorschriften beachtet hat[17].

B. Zulässigkeit dieser Voraussetzungen

I. Eignung

Jegliches Verwaltungshandeln muß geeignet sein, den angestrebten Zweck zu erreichen[18].

Ziel der Studentenförderung ist es, jedem eine seiner Begabung und seinem Bildungswillen entsprechende Ausbildung zu ermöglichen

---

[13] S.o. § 29 E.

[14] So zB OVG Mstr v. 12. Jan. 1954 (V B 1189/53): DVBl. 1954, 584 (584 f.) und *Thieme*: NJW 1954, 744.

[15] Vgl. *Jesch*: AöR 1957, 208 und *Bachof*: JZ 1955, 98.

[16] Vgl. *Wolff* I § 31 I c 3.

[17] So die überwiegende Meinung; s. zB BVwG v. 20. Dez. 1963 (VII B 21. 63): DVBl. 1964, 825 und *Wolff* I § 31 I c 3.

[18] Vgl. *Wolff* III § 138 V a.

und mehr Akademiker zu erhalten[19]. Diese Bemühungen können nur erfolgreich sein, wenn man die Förderung auf die Studenten beschränkt, deren Begabung und Fleiß einen erfolgreichen Studienabschluß erwarten lassen.

Somit rechtfertigt es das Gebot der Geeignetheit, die Studentenförderung von der Eignung des Bewerbers abhängig zu machen.

II. Bedürftigkeit

Die Zulässigkeit der Beschränkung der Studentenförderung auf die wirtschaftlich bedürftigen Studenten könnte sich aus dem Subsidiaritätsprinzip oder / und dem Grundsatz der Erforderlichkeit ergeben.

a) Subsidiaritätsprinzip

1. Begriff

Das Subsidiaritätsprinzip besagt, daß der Staat nur dann leistend oder ordnend tätig werden darf, wenn der einzelne oder die personennähere Gemeinschaft (zB die Familie) die betreffende Aufgabe nicht erfüllen kann[20]. Ob und wieweit die einzelnen oder die kleineren Gemeinschaften eine Angelegenheit besorgen können, richtet sich nicht danach, ob ihnen noch ein Existenzminimum bleibt, wenn sie die Aufgabe selbst durchführen; wegen des Sozialstaatsprinzips brauchen sie nur soweit tätig zu werden, wie es ihnen möglich ist, um ein menschenwürdiges Dasein führen zu können[21].

2. Rechtscharakter

Das Subsidiaritätsprinzip könnte ein Rechtsgrundsatz sein. Das Interesse des einzelnen und der kleineren Gemeinschaft an der eigenen selbständigen Erfüllung ihrer Aufgaben geht dem staatlichen Interesse vor, diese selbst durchzuführen[22]. Mithin läßt sich das Subsidiaritätsprinzip aus dem Rechtsprinzip[23] ableiten und ist so ein Rechtsgrundsatz[24].

---

[19] S.o. § 12 A.
[20] S. zB BVfG v. 29. Juli 1959 (1 BvR 205, 332, 333, 367/58, 1 BvL 27, 100/58): E 10, 59 (83); BVwG v. 8. Juli 1957 (V C 213. 55/V C 214. 55): E 5, 179 (180); OVG Bln v. 23. Mai 1962 (OVG I a B 11. 61): RWS 1963, 152 (153); *Menger:* DVBl. 1960, 299; *v. Münch* 304; *Tietmeyer* 16 f.; *Lepsien* 71; *Sofsky* 154 und *Maunz* 69; ähnlich *Wolff* III § 138 II a; vgl. auch *v. Nell-Breuning* 44.
[21] S. BVwG v. 12. Juni 1964 (VII C 146. 63): RWS 1964, 315 (316).
[22] Vgl. *v. Münch* 304.
[23] S. *Wolff* I § 24 II a.
[24] Vgl. *Lepsien* 80 und *Wolff* I § 25 I; III § 138 II b 1; s.a. *Lepsien* 69 f., der verschiedene Arten der Begründung des Rechtscharakters des Subsidiaritätsprinzips in der Rechtslehre aufzählt.

3. Übereinstimmung der Studentenförderung nach dem Honnefer Modell mit dem Subsidiaritätsprinzip

Daß ein Student nicht gefördert wird, wenn er die Kosten für sein Studium selbst tragen kann, entspricht also dem Subsidiaritätsprinzip.

Dieses fordert auch, daß zunächst seine Familie, d. h. die ihm nach bürgerlichem Recht uU zum Unterhalt Verpflichteten, sein Studium finanziert, bevor die staatliche Hilfe einsetzt[25]. Daraus kann man nicht schließen, daß der Staat den Studenten fördern muß, der keinen bürgerlichrechtlichen Unterhaltsanspruch[26] gegen die in den §§ 1360, 1601 und 1608 BGB genannten Personen hat. Nach dem Subsidiaritätsprinzip sollen die Träger öffentlicher Verwaltung nämlich nur helfen, wenn die kleinere Gemeinschaft die Aufgabe nicht selbst durchführen *kann*. Auf deren rechtliche *Verpflichtung* kommt es nicht an[27]. Mithin stehen die BBewBed und LRichtl mit dem Subsidiaritätsprinzip in Einklang, wenn sie ausführen, daß Dauer und Umfang der bürgerlichrechtlichen Unterhaltspflicht nicht dafür entscheidend sind, inwieweit ein Student staatlich gefördert wird[28]. Daraus ergibt sich auch, daß es unerheblich ist, ob der Student von seiner Familie tatsächlich unterstützt wird[29].

In welchem Umfang eigene oder Mittel der Unterhaltspflichtigen zur Deckung der Kosten angesetzt werden, bemißt sich danach, daß sowohl dem Studenten als auch seiner Familie ein menschenwürdiges Dasein möglich bleibt[30]. Nur soweit dieses gewährleistet ist, wird vorausgesetzt, daß er bzw. seine Familie die Studienkosten trägt. Das übrige gewährt der Staat.

Deshalb stellen die BBewBed und LRichtl zu Recht darauf ab, ob der Student oder seine Familie in zumutbaren Grenzen nicht allein die Kosten tragen können[31].

---

[25] Daß das Subsidiaritätsprinzip hinsichtlich der Sorge für die Kinder im Verhältnis zwischen Eltern und Staat gilt, ist in Art. 6 II 1 GG konkretisiert; vgl. OVG Bln v. 23. Mai 1962 (I a B 11. 61) RWS 1963, 152 (153).

[26] Zum Unterhaltsanspruch des Studenten s. die eingehenden Ausführungen v. *Kübler* mwN.

[27] So aber *Kübler* (insbes. S. 741), der das Subsidiaritätsprinzip nicht berücksichtigt und deshalb staatliche Studentenförderung für alle die Fälle fordert, in denen kein Unterhaltsanspruch — den er sehr einschränkt — besteht.

[28] S. BBewBed C III 1.

[29] S. BBewBed C III 1. Vgl. BVwG v. 12. Juni 1964 (VII C 146. 63): E 18, 352 (354 f.), das mehr auf die bürgerlichrechtliche Unterhaltspflicht abstellen will. Es gibt aber keine Maßstäbe an, wieweit das geschehen soll, und entscheidet dann danach, wann es dem einzelnen oder seiner Familie „zuzumuten" ist, die Kosten selbst zu tragen.

[30] S.o. 1.

[31] S. BBewBed A II 3; s.a. BVwG aaO; vgl. *Oehler*, Vortrag 34; *Dronsch* 349 und *Wolff* III § 155 III c 1.

Das Subsidiaritätsprinzip rechtfertigt es somit, daß allein wirtschaftlich bedürftige Studenten iS der BBewBed und LRichtl nach dem Honnefer Modell gefördert werden[32]. Weiterhin ergibt sich aus dem Subsidiaritätsprinzip die Zulässigkeit der Regelung, daß ein Teil der Zuwendungen als Darlehen gewährt wird und daß in den vorlesungsfreien Monaten der ersten Semester zT keine Förderungsbeträge gezahlt werden[33].

c) Der Grundsatz der Erforderlichkeit

Das Prinzip der Erforderlichkeit verlangt, daß die Verwaltungsbehörde von mehreren geeigneten Maßnahmen diejenige trifft, die die wenigsten Nachteile für die Betroffenen und die Steuerzahler mit sich bringt[34].

Diesen Grundsatz verwirklicht das Honnefer Modell ebenfalls dadurch, daß nur geeignete Studenten gefördert werden, die einer wirtschaftlichen Hilfe bedürfen; denn würde es diese nicht unterstützen, könnten nicht alle geeigneten jungen Leute studieren; demgegenüber würde der Steuerzahler aber zu viel belastet, wenn die Förderung nicht von der wirtschaftlichen Bedürftigkeit abhängig gemacht würde.

C. Ergebnis

Die in den BBewBed und LRichtl aufgestellten Voraussetzungen für eine Aufnahme in die Förderung sind demnach zulässig und binden die Förderungsausschüsse.

Zweites Kapitel

Anspruch der Studenten auf die Förderung

Nachdem nun festgestellt ist, welche Voraussetzungen für die Förderung bestehen, stellt sich die Frage, ob ein Student, der diese Voraussetzungen erfüllt, einen Anspruch auf die Zuwendungen hat.

§ 43 Rechtsanspruch?

Ein Rechtsanspruch des Studenten wäre gegeben, wenn er ein subjektiv-öffentliches Recht auf Förderung hätte[35]. Diese Berechtigung

---

[32] Vgl. *Sofsky* 154; *Oehler*: DUZ 1961, H. 10, S. 8 und *Wolff* III § 155 III c 1.
[33] Dieses Prinzip erlaubt nur Einzelförderungen — wie beim Honnefer Modell —, dagegen wäre ein allgemeines Studienhonorar nicht mit ihm vereinbar.
[34] S. *Wolff* III § 138 V b.
[35] Vgl. *Wolff* I § 43 I d 2.

könnte dem Studenten nur durch ein Gesetz in materiellem Sinne zugebilligt worden sein[36].

Die LRichtl sind zwar materielle Gesetze, verneinen aber ausdr. einen Rechtsanspruch des Studenten[37]. Ob die Haushaltspläne Gesetze in materiellem Sinne sind, kann dahingestellt bleiben[38]; jedenfalls ergibt sich aus ihnen kein Anspruch des Studenten auf die Förderung[39]. Die BBewBed sind keine Gesetze in materiellem Sinne[40] und können deshalb keinen Rechtsanspruch des Studenten begründen. Das Sozialstaatsprinzip ist als verfassunggestaltende Grundentscheidung zu allgemein, als daß man allein aus ihm die Rechtsfolge ableiten könnte, daß geeignete und wirtschaftlich bedürftige Studenten einen Rechtsanspruch gegen den Staat auf Förderung haben sollen[41].

Somit besteht kein Rechtsanspruch auf die Zuwendungen[42].

§ 44 Anspruch auf fehlerfreien Ermessensgebrauch

Demnach scheint der Förderungsausschuß zwar auf Grund der BBewBed und LRichtl zur Förderung der Studenten verpflichtet zu sein, diese scheinen aber keine rechtlichen Möglichkeiten zu haben, den Förderungsausschuß zu einem Handeln, das den Richtlinien entspricht, anzuhalten. Es könnte jedoch ein Anspruch auf fehlerfreien Ermessensgebrauch — d. i. ein Abwendungsanspruch iS von *Wolff*[43] — gegeben sein.

Wenn die Verwaltung auch nicht durch eine gesetzliche Normierung der Studentenförderung gebunden ist, so muß sie ihre Entscheidung doch von Ermessensfehlern freihalten. Darauf hat der Student einen

---

[36] S. zB OVG Bln v. 23. Mai 1962 (I a B 11. 61): RWS 1963, 152 (153); *Krüger* 222; *Cronau* 78; *Jesch* 228; *Sofsky:* RWS 1964, 229 und *Wolff* I § 43 I d 1.

[37] S.o. § 29 E.

[38] Vgl. oben § 22.

[39] So ausdr. *Jesch* 230, Anm. 252.

[40] S.o. § 25.

[41] So die hM; s. zB *Weisel* 61; *Thieme,* Recht und Pflicht 17; *Wolff* III § 138 I c 4 und § 155 III e 1; s.a. oben § 20 B.

[42] S. zB *Gerber,* Hochschulrecht I 164; anders ist es in Österreich gem. § 1 I des Gesetzes über die Gewährung von Studienbeihilfen an Hochschulen und Kunsthochschulen v. 16. Okt. 1963 (oeBGBl. Nr. 249); die Formulierung in BBewBed A I „die Förderung wird ohne Rechtsanspruch gewährt", stellt somit nur die bestehende Rechtslage klar; denn selbst wenn der Bundesminister des Inneren den Studenten Rechtsansprüche zubilligen wollte, so könnte er dies — wie oben ausgeführt — nicht mittels einer Verwaltungsverordnung; vgl. *Wolff* I § 43 I d 1.

[43] I § 43 II c.

formellrechtlichen Anspruch[44]. Um diesen Anspruch durchzusetzen, kann er Verwaltungsklage erheben; das Gericht wird den Beklagten[45] ggfs gem. § 113 IV 2 VwGO dazu verurteilen, den Kläger ohne den Ermessensfehler neu zu bescheiden[46].

§ 45 Leistungsanspruch

Wäre der dem Förderungsausschuß eingeräumte Ermessensspielraum derart verengt, daß die Ablehnung des Förderungsantrages aus keinem sachlichen Grunde zulässig wäre, dann könnte das Verwaltungsgericht den Beklagten gem. § 113 IV 1 VwGO sogar zur Gewährung der Förderung verurteilen (Leistungsanspruch)[47].

Eine derartige Ermessensschrumpfung könnte sich daraus ergeben, daß durch Verwaltungsübung eine Selbstbindung der Verwaltungsbehörden eingetreten ist; denn gem. Art. 3 I GG darf Gleiches nicht willkürlich ungleich behandelt werden.

Zwar haben die LRichtl und BBewBed es dem pflichtgemäßen Ermessen der Förderungsausschüsse überlassen, welche geeigneten und bedürftigen Studenten iS dieser Vorschriften sie fördern wollen[48]. In der Verwaltungspraxis wird aber ständig so verfahren, daß *alle* Studenten, welche die in den LRichtl und BBewBed aufgestellten Voraussetzungen erfüllen, gefördert werden[49]. Diese Verwaltungsübung ist rechtlich nicht zu beanstanden, weil die BBewBed und LRichtl die Förderungsausschüsse nicht verpflichten, außer den genannten Voraussetzungen auch andere Gesichtspunkte zu berücksichtigen, und weil sonstige Bedenken nicht bestehen.

Mit Rücksicht auf Art. 3 I GG können die Förderungsausschüsse von dieser Verwaltungsübung nicht ohne sachlichen Grund abweichen. Anderenfalls ist der Verwaltungsakt rechtswidrig[50].

---

[44] S. OVG Mstr v. 13. Jan. 1955 (VIII A 1717/52): DVBl. 1955, 437 (438); *Wolff*, Abwendungsanspruch 127, 131; *Haueisen*: DVBl. 1952, 522 ff.; Hildegard *Krüger* 209; *Jesch* 229; *Stern* 560; *Mertens* 61 ff., 99; *Maunz-Dürig* Art. 19 IV, Rdnr 36 und *Wolff* I § 43 II c und III § 138 I c 3, 4.

[45] Zur Frage, wer der richtige Beklagte ist, s. u. § 46.

[46] Vgl. *Eyermann-Fröhler* § 113, Anm. 64 f.

[47] S. *Wolff* III § 138 I c 4.

[48] S.o. § 29 E.

[49] Vgl. VG Bln v. 29. Juni 1961 (I a A 57/60): JR 1961, 477 (478) und *Tupetz* 41.

[50] So die allgemeine Meinung; s. zB BVwG v. 27. Juni 1955 (III C 25/54): JZ 1956, 33 (35); v. 16. Mai 1957 (II C 249/54): E 5, 79 (81); v. 28. Mai 1958 (V C 216. 54): E 8, 4 (10); v. 24. Okt. 1962 (VI C 22/60): JR 1963, 432 (433); v. 16. Mai 1963 (1 C 160/55): GewA. 1963, 270 (271); v. 25. Juni 1964 (VIII C 23. 63): E 19, 48 (55 f.); OVG Bre v. 6. Juni 1961 (I a 428/60, a OV 1/61):

Bedenken dagegen könnten deshalb bestehen, weil die Selbstbindung sich aus Art. 3 I GG ergibt, der ausgeschlossen sein könnte, da die Studenten in einem besonderen Gewaltverhältnis zur Hochschule stehen[51]. Trotzdem gilt das Gleichbehandlungsgebot bei der Förderung der Studenten, da nach heute weitaus hM die Grundrechte im besonderen Gewaltverhältnis allenfalls soweit eingeschränkt werden dürfen, wie es zur Erreichung des Zwecks, der mit der Schaffung des besonderen Gewaltverhältnisses verwirklicht werden soll, notwendig ist[52]. Die wissenschaftliche Ausbildung der Studenten erfordert aber nicht ihre Ungleichbehandlung bei der Förderung.

Daraus folgt, daß ein deutscher oder ihm gleichgestellter Student, der iS der BBewBed und LRichtl wirtschaftlich bedürftig ist, während der ersten drei Semester einen Anspruch auf Aufnahme in die Förderung hat, soweit keine Ausnahmesituation gegeben ist und die Mittel vorhanden sind[53]. Außerdem kann der Student, der bereits einmal in die Hauptförderung aufgenommen war, unter denselben Voraussetzungen im Klagewege seine Förderung durchsetzen. Dasselbe gilt für Studenten, die zwar die Eignungsprüfung vor Hochschullehrern bestanden haben, gleichwohl aber nicht in die Hauptförderung aufgenommen worden sind.

Scheitert die Aufnahme eines Studenten in die Förderung daran, daß er nicht für geeignet gehalten wird, so steht ihm kein Leistungsanspruch zu. Die Entscheidung über die Eignung ist nämlich ein höchstpersönliches Fachurteil[54], das seinem Wesen nach nicht durch eine Selbstbindung vorweggenommen werden kann[55].

Somit hat sich ergeben, daß der Student zwar keinen Rechtsanspruch hat, wohl aber einen Leistungsanspruch auf die Förderung haben kann. Bei Vorliegen der Voraussetzungen der BBewBed und LRichtl

---

DVBl. 1961, 680 (681); OVG Bln v. 23. Mai 1962 (I a B 11. 61): RWS 1963, 152 (153); heVGH v. 29. Nov. 1962 (OS V 18/60): ESVGH 14, 50 (53); OVG Kbl. v. 13. Febr. 1963 (2 A 9/62): RWS 1963, 250 ff.; OVG Bln v. 8. Juni 1966 (V B 7/66); NJW 1966, 2328 ff.; OVG Mstr v. 8. Sept. 1966 (V A 1639/64): NJW 1967, 949 (952); VG Stuttgart v. 24. Juni 1949 (I 76/1949): DRZ 1950, 571 (572); VG Bln v. 29. Juni 1961 (I a A 57/60): JR 1961, 477 (478); Hildegard *Krüger* 211 f.; *Bachof:* JZ 1956, 35; *Thieme* 42; *Mertens* 11 ff.; *Bogs* 32; *Tupetz* 41; *Küchenhoff* 204; *Wolff* III § 138 IV b 3 und *Menger-Erichsen* 284; vgl. BVfG v. 3. Sept. 1957 (2 BvR 7/57): E 7, 97 (107) und BGH v. 10. Dez. 1958 (V ZR 70/57): VwRspr. 11, 408 (410 f.).

[51] S.o. § 24 B.

[52] S. *Krüger:* DöV 1950, 629; *ders.:* NJW 1953, 1373; *Thieme* 305 und *Bachof:* VVDStRL 12, 60 f.

[53] S. zB BBewBed A III 5; C II 5 und III 4.

[54] S.o. § 42 A.

[55] S. BVwG v. 28. Juni 1957 (IV C 63. 56): E 5, 148 (152 f.).

kann er idR mit einer Verpflichtungsklage durchsetzen, daß ihm Stipendien und Darlehen nach dem Honnefer Modell gezahlt werden.

Drittes Kapitel

Klagemöglichkeiten

Aus der zweistufigen Abwicklung der Studentenförderung ergibt sich, daß für Klagen der Studenten entweder die Zivil- oder die Verwaltungsgerichte zuständig sind.

§ 46 Verpflichtungsklage vor dem Verwaltungsgericht gegen die Entscheidung des Förderungsausschusses

Hat der Förderungsausschuß dem Antrag eines Studenten nicht oder nur teilweise entsprochen — d. h. ist es streitig, ob und ggfs wie ein Student gefördert werden soll, — so kann der Antragsteller nach erfolglos durchgeführtem Widerspruchsverfahren Verpflichtungsklage vor dem Verwaltungsgericht erheben, § 42 VwGO[56]. Beklagter ist gem. § 78 VwGO idR nicht der Förderungsausschuß, sondern die Hochschule. Demgegenüber muß in den Bundesländern, in denen Behörden verklagt werden können[57], die Verpflichtungsklage gegen den Förderungsausschuß gerichtet werden, da er Behörde ist. Er ist nämlich selbst zur Vertretung der Hochschule berechtigt, und die von ihm erlassenen Verwaltungsakte werden nicht einem anderen Organ, sondern der Hochschule selbst zugerechnet[58].

§ 47 Leistungsklage vor dem Zivilgericht gegen das Studentenwerk

Zahlt das Studentenwerk die Stipendien und Darlehen nicht entsprechend der Entscheidung des Förderungsausschusses aus, so kann der Student vor dem Zivilgericht gegen die juristische Person „Studentenwerk" Leistungsklage erheben. Da insoweit weder eine ausschließliche Zuständigkeit des Amts-[59] noch des Landgerichts[60] besteht, hängt die sachliche Zuständigkeit von der Höhe des Streitwertes ab[61].

---

[56] S. *Tupetz* 41.

[57] S. zB § 7 II ndsVwGOAG; § 5 II nwVwGOAG und § 6 schlhVwGOAG.

[58] Vgl. OVG Mstr v. 8. Sept. 1966 (V A 1639/64): NJW 1967, 949 und *Wolff* II § 76 d, insbes. 7; aM *Tupetz* 41 und *Dronsch* 346.

[59] Vgl. § 23 II GVG.

[60] S. § 71 II GVG.

Somit ist für Klagen, deren Streitwert 1 500,— DM nicht übersteigt, das Amtsgericht zuständig[61]. Dabei ist zu berücksichtigen, daß, falls die Zahlung für mehrere Monate streitig ist, die Gesamtsumme entscheidend ist.

---

[61] Vgl. § 23 I GVG.

8*

Schluß

Die Untersuchung des Honnefer Modells hat ergeben, daß die heutige Form der allgemeinen Studentenförderung rechtlich zulässig ist.

Im einzelnen sind folgende Ergebnisse festzuhalten:

1. Die Förderung der Studenten ist eine sonstige Förderung, also Teil der Leistungsverwaltung.

2. Allgemeine Rechtsgrundlage für die Förderung der Studenten sind das Sozialstaatsprinzip und die Haushaltspläne des Bundes und der Länder; spezielle Rechtsgrundlage sind die LRichtl, die als Sonderverordnungen Gesetze in materiellem Sinne sind.

3. Die Studentenförderung wird zweistufig abgewickelt.

   a) Die Bewilligung der Förderung durch den Förderungsausschuß der Hochschule ist ein ermessensfreier, begünstigender, transitiver, mit einer Auflage und einem Widerrufsvorbehalt verbundener, zustimmungsbedürftiger, befristeter Verwaltungsakt mit Dauerwirkung.

   b) Das örtliche Studentenwerk wird bei der Vorbereitung der Entscheidung des Förderungsausschusses entweder als Juristische Person des öffentlichen Rechts oder als Beliehener hoheitlich tätig; die Förderungsbeträge zahlt es demgegenüber privatrechtlich aus.

4. Die Kompetenzen für die Studentenförderung sind folgendermaßen verteilt:

   a) Dem Bund steht die Gesetzgebungskompetenz gem. Art. 74 Ziff. 7 GG zu; er darf auch Verwaltungsverordnungen erlassen.

   b) Die Länder haben die Verwaltungszuständigkeit.

   c) Die Hochschulen führen die Studentenförderung im Auftrage des Bundes und des jeweiligen Landes durch; diese „mittelbare Mischverwaltung" ist zulässig.

5. Die BBewBed sind eine im Rahmen der Auftragsverwaltung erlassene Verwaltungsverordnung.

6. Die in den BBewBed und LRichtl aufgestellten Voraussetzungen für die Aufnahme in die Förderung sind zulässig.

7. Der Student hat keinen Rechtsanspruch auf die Förderung; uU kann ihm aber ein Leistungsanspruch zustehen.

Schrifttumsverzeichnis

Achterberg, Norbert: Zulässigkeit und Schranken stillschweigender Bundeszuständigkeiten im gegenwärtigen deutschen Verfassungsrecht: AöR 1961, 63—94.

Antweiler, Anton: Die Universität, Mstr 1963.

Bachmann, Horst: Zur Frage: Studentenwohnheim: DUZ 1961, H. 1, S. 6—9.

Bachof, Otto: Verwaltungsakt und innerdienstliche Weisung: Fschr. f. Wilhelm *Laforet*, Mchn 1952, 285—316 (zit.: *Bachof*).

— Begriff und Wesen des sozialen Rechtsstaates: VVDStRL 12, 37—84 (zit.: *Bachof*: VVDStRL 12).

— Beurteilungsspielraum, Ermessen und unbestimmter Rechtsbegriff im Verwaltungsrecht: JZ 1955, 97—102 (zit.: *Bachof*: JZ 1955).

— Anm. zu einem Urteil des BVwG: JZ 1956, 35 f. (zit.: *Bachof*: JZ 1956).

— Freiheit des Berufes: Karl-August *Bettermann* - Hans Carl *Nipperdey* - Ulrich *Scheuner*, Die Grundrechte, Bd. III/1, Bln 1958, 155—265 (zit.: *Bachof*: Die Grundrechte III/1).

— Teilrechtsfähige Verbände des öffentlichen Rechts: AöR 1958, 208—279 (zit.: *Bachof*: AöR 1958).

— Verfassungsrecht, Verwaltungsrecht, Verfahrensrecht in der Rechtsprechung des Bundesverwaltungsgerichts, Tübingen 1963 (zit.: *Bachof*, Verfassungsrecht).

Badura, Peter: Die Daseinsvorsorge als Verwaltungszweck der Leistungsverwaltung und der soziale Rechtsstaat: DöV 1966, 624—633.

Barion, Jakob: Universitas und Universität, Bonn 1954.

Becker, Erich: Verwaltung und Verwaltungsrechtsprechung: VVDStRL 14, 96—135.

Beinhardt, Gerd: Das Recht der öffentlichen Sicherheit und Ordnung in seinem Verhältnis zur Eingriffs- und Leistungsverwaltung: DVBl. 1961, 608—613.

Bellstedt, Christoph: Bedürfen Subventionen gesetzlicher Grundlage?: DöV 1961, 161—171.

Bettermann, Karl-August: Bundeskompetenz für Jugendschutz?: AöR 1958, 91—110.

Bley, Elmar: Die Universitätskörperschaft als Vermögensträger, Freiburg 1963.

Böckenförde, Ernst-Wolfgang: Die Organisationsgewalt im Bereich der Regierung, Bln 1964.

Bogs, Walter: Die Einwirkung verfassungsrechtlicher Normen auf das Recht der sozialen Sicherheit: Verhandlungen des 43. Deutschen Juristentages, Bd II Teil G, Tübingen 1962, 5—65.

Bonner Kommentar: Kommentar zum Bonner Grundgesetz, Hmb 1954 ff. (zitiert nach Bearbeiter).

Bornhak, Conrad: Die Rechtsverhältnisse der Hochschullehrer in Preußen, Bln 1901.

Brade, Kurt und Theo *Tupetz:* Stipendien und Ausbildungsbeihilfen, Bonn o. J. (1960?).

Brintzinger, Ottobert L.: Buchbesprechung von *Brade - Tupetz:* NJW 1962, 728 f.

Brohm, Winfried: Verwaltungsvorschriften und besonderes Gewaltverhältnis: DöV 1964, 238—251.

Bull, Hans Peter: Sonderrecht für die Stiftung Volkswagenwerk?: Die Zeit v. 4. Juni 1965, 44.

Bundesbericht Forschung I: Bericht der Bundesregierung über den Stand und Zusammenhang aller Maßnahmen des Bundes zur Förderung der wissenschaftlichen Forschung mit einer Vorausschau des Bedarfs an Mitteln des Bundes für 1966—1968. Hg. v. Bundesminister für wissenschaftliche Forschung, Bonn 1965.

Cronau, Günter: Der Haushaltsplan als Ermächtigungsgrundlage für die sozialgestaltende Verwaltung, Diss. iur. Mstr 1962.

Dittrich, Georg: Mit Ulbricht, ohne Marshallplan: 20 Jahre danach. Hg. v. Helmut *Hammerschmidt,* Mchn, Wien, Basel 1965, 58—75.

Drews, Bill und Gerhard *Wacke:* Allgemeines Polizeirecht, 7. Aufl. Bln, Köln, Mchn, Bonn 1961.

Dronsch, Gerhard: Honnefer Studienförderung und elterliche Unterhaltspflicht: JZ 1962, 346—349.

Dürig, Günter: Verfassung und Verwaltung im Wohlfahrtsstaat: JZ 1953, 193—199.

Ehmke, Horst: Wirtschaft und Verfassung, Karlsruhe 1961.

Eyermann, Erich und Ludwig *Fröhler:* Kommentar zur Verwaltungsgerichtsordnung, 4. Aufl., Mchn, Bln 1965.

Fechner, Erich: Freiheit und Zwang im sozialen Rechtsstaat, Tübingen 1953.

Fischerhof, Hans: „Daseinsvorsorge" und wirtschaftliche Betätigung der Gemeinden: DöV 1960, 41—46.

Fleiner, Fritz: Institutionen des Deutschen Verwaltungsrechts, 8. Aufl., Tübingen 1928; Neudruck Aalen 1960.

Flor, Georg: Probleme gerechter Mittelvergabe: RWS 1963, 289—294.

Forsthoff, Ernst: Begriff und Wesen des sozialen Rechtsstaates: VVDStRL 12, 8—36 (zit.: *Forsthoff:* VVDStRL 12).

— Rechtsfragen der leistenden Verwaltung, Stgt 1959 (zit.: *Forsthoff,* Rechtsfragen).

— Lehrbuch des Verwaltungsrechts, I. Bd., 8. Aufl., Mchn, Bln 1961 (zit.: *Forsthoff*).

— Verfassungsprobleme des Sozialstaates, 2. Aufl., Mstr 1961 (zit.: *Forsthoff,* Verfassungsprobleme).

Friauf, Heinrich: Bemerkungen zur verfassungsrechtlichen Problematik des Subventionswesen: DVBl. 1966, 729—738 (zit.: *Friauf*).

— Verwaltung durch Subventionen: DVBl. 1967, 145—149 (zit.: *Friauf: DVBl. 1967*).

Füsslein: Mischverwaltung oder Mitverwaltung?: DVBl. 1956, 1—4.

Gerber, Hans: Hochschule und Staat, Göttingen 1953 (zit.: *Gerber*).

— Der Wandel der Rechtsgestalt der Albert-Ludwig-Universität zu Freiburg im Breisgau seit dem Ende der vorderösterreichischen Zeit, 2 Bde., Freiburg 1957 (zit.: *Gerber, Wandel*).

— Das Recht der wissenschaftlichen Hochschulen in der jüngsten Rechtsentwicklung, 2 Bde., Tübingen 1965 (zit.: *Gerber, Hochschulrecht*).

Gerner, Erich: Zur Frage der „Mischverwaltung" im Verhältnis zwischen Bund und Ländern: BayVBl. 1955, 193—195.

Giacometti, Z.: Allgemeine Lehren des rechtsstaatlichen Verwaltungsrechts, I. Bd, Zürich 1960.

Grewe, Wilhelm: Das bundesstaatliche System des Grundgesetzes: DRZ 1949, 349—352.

Gross, Rolf: Selbstkoordinierung der Länder: NJW 1966, 1488—1491 (zit.: *Gross*).

— Die verfassungsrechtliche Würdigung der Kooperationsformen bei Bund und Ländern: NJW 1967, 1001—1006 (zit.: *Gross: NJW 1967*).

Häberle, Peter: Unmittelbare staatliche Parteienfinanzierung unter dem Grundgesetz: JuS 1967, 64—74.

Haerten: Aus der Arbeit der Studienstiftung; Mitteilungen des Hochschulverbandes, VII. Bd, 1959, 69—75.

Hamann, Andreas: Deutsches Wirtschaftsverfassungsrecht, Neuwied, Bln, Darmstadt 1958 (zit.: *Hamann, Wirtschaftsverfassungsrecht*).

— Das Grundgesetz für die Bundesrepublik Deutschland, Kommentar, 2. Aufl., Bln 1960 (zit.: *Hamann*).

Haueisen, Fritz: Das formelle subjektive Recht im Verwaltungsprozeß, insbesondere das Recht auf fehlerfreie Ausübung des Ermessens: DVBl. 1952, 521—524 (zit.: *Haueisen: DVBl. 1952*).

— Verwaltungsakte mit Dauerwirkung: NJW 1958, 1065—1069 (zit.: *Haueisen: NJW 1958*).

— Verwaltung und Bürger: DVBl. 1961, 833—839 (zit.: *Haueisen*). *eisen*).

Heckelmann, Dieter: Die Verfassungswidrigkeit der Bestimmmungen über die Gewährung von Beihilfen zur beruflichen Fortbildung: SGb 1965, 226—229.

Henle, Wilhelm: Die Förderung von Landesaufgaben aus Bundesmitteln: SchrHS 11, Bln 1961, 63—77.

Herzog, Roman: Subsidiaritätsprinzip und Staatsverfassung: Der Staat 1963, 399—423.

Hochstetter, Herbert: Noch einmal: Schule und Schulträger, Schulaufsicht und Schulverwaltung: RWS 1962, 6—9.

Holtz, Dietrich: Das Deutsche Studentenrecht, Bln. 1927.

Huber, Ernst Rudolf: Wirtschaftsverwaltungsrecht, 2. Aufl., 1. Bd, Tübingen 1953 (zit.: *Huber*).

— Der Streit um das Wirtschaftsverfassungsrecht: DöV 1956, 200—207 (zit.: *Huber*: DöV 1956).

Imboden, Max: Der verwaltungsrechtliche Vertrag, Basel 1958.

Ipsen, Hans Peter: Enteignung und Sozialisierung: VVDStRL 10, 74—123 (zit.: *Ipsen*).

— Öffentliche Subventionierung Privater, Bln, Köln 1956 (zit.: *Ipsen*, Subventionierung).

Janknecht, Hans: Rechtsformen von Subventionierungen, Diss. iur. Mstr 1964.

Jellinek, Walter: Verwaltungsrecht, 3. Aufl., Bln 1931; Neudruck: Offenburg 1948.

Jesch, Dietrich: Unbestimmter Rechtsbegriff und Ermessen: AöR 1957, 163 bis 249 (zit.: *Jesch*: AöR 1957).

— Gesetz und Verwaltung, Tübingen 1961 (zit.: *Jesch*).

Jüchter, Heinz-Theodor: Der Sozialstaat, die Studenten und die deutsche Universität: DUZ 1962, H. 9, S. 18—22.

Kath, Gerhard: Das soziale Bild der Studentenschaft in Westdeutschland und Berlin, Ffm 1952 (zit.: *Kath*).

— Die Studentenschaft im Bilde der Statistik des Deutschen Studentenwerkes 1950—1960: DUZ 1961, H. 10, S. 25 f. (zit.: *Kath*: DUZ 1961).

Kaufmann, Georg: Die Geschichte der Deutschen Universitäten, II Bde, Stgt 1888 und 1896.

Kersten, Ulrich: Das Deutsche Studentenrecht, Bln 1931.

Kimmerle, Helmut: Studentenheime ante portas: DUZ 1961, H. 2, S. 16—20 (zit.: *Kimmerle*).

— Der Studentenwohnheimbau in Deutschland: DUZ 1961, H. 10, S. 12—17 (zit.: *Kimmerle*: DUZ 1961, H. 10).

Klein, Friedrich: Bonner Grundgesetz und Rechtsstaat: ZgesStW 1950, 390 bis 411 (zit.: *Klein*: ZgesStW 1950).

— Verfassungsrechtliche Grenzen der Gemeinschaftsaufgaben: SchrHS 11, Bln 1961, 125—174 (zit.: *Klein*: SchrHS 11).

Klein, Hans: Zum Begriff der öffentlichen Aufgabe: DöV 1965, 755—759 (zit.: Hans *Klein*).

Klüber, Hans: Die Wahrung der öffentlichen Sicherheit und Ordnung in ihrem Verhältnis zur Leistungsverwaltung: DVBl. 1957, 827—832.

Kluge, Alexander: Die Universitäts-Selbstverwaltung, Ffm 1958.

Kölble, Josef: Gemeinschaftsaufgaben zwischen Bund und Ländern sowie zwischen den Ländern: SchrHS 11, Bln 1961, 17—62 (zit.:*Kölble*: SchrHS 11).

— Zur Lehre von den — stillschweigend — zugelassenen Verwaltungszuständigkeiten des Bundes: DöV 1963, 660—673 (zit.: *Kölble*: DöV 1963).

— Bildungs- und Forschungsförderung als Aufgabe von Bund und Ländern: DöV 1964, 592—595 (zit.: *Kölble*: DöV 1964).

— Bildungs- und Forschungsförderung als Aufgabe von Bund und Ländern: DöV 1965, 76—78 (zit.: *Kölble*: DöV 1965).

Köttgen, Arnold: Deutsches Universitätsrecht, Tübingen 1933 (zit.: *Köttgen*).

— Subventionen als Mittel der Verwaltung: DVBl. 1953, 485—491 (zit.: *Köttgen:* DVBl. 1953).

— Die Freiheit der Wissenschaft und die Selbstverwaltung der Universität: Franz L. *Neumann* - Hans Carl *Nipperdey* - Ulrich *Scheuner,* Die Grundrechte, II. Bd, Bln 1954, 291—329 (zit.: *Köttgen:* Die Grundrechte II).

— Rechtsstellung des Hochschullehrers und Hochschulverfassung: DVBl. 1956, 425—430 (zit.: *Köttgen:* DVBl. 1956).

— Die Kulturpflege und der Bund: Staats- und verwaltungswissenschaftliche Beiträge. Hg. v. der Hochschule für Verwaltungswissenschaften in Speyer, Stgt 1957, 183—203 (zit.: *Köttgen:* Staats- und verwaltungswissenschaftliche Beiträge).

— Das Grundrecht der deutschen Universität, Göttingen 1959 (zit.: *Köttgen,* Das Grundrecht der deutschen Universität).

— Der Einfluß des Bundes auf die deutsche Verwaltung und die Organisation der bundeseigenen Verwaltung: JöR 11, 173—311 (zit.: *Köttgen:* JöR 11).

— Der heutige Spielraum kommunaler Wirtschaftsförderung, Göttingen 1963. (zit.: *Köttgen,* Spielraum).

Kolb, Ernst: Das Förderungswesen unter dem Blickwinkel des Legalitätsprinzips; Gutachten zum 2. Österreichischen Juristentag 1964, Bd 1, Teil 3, Wien 1964.

Krause, Hermann: Der verteilende Staat: Fschr. f. Paul *Gieseke,* Karlsruhe 1958, 1—19.

Krüger, Herbert: Die Einschränkung von Grundrechten nach dem Grundgesetz: DöV 1950, 625—629 (zit.: *Krüger:* DöV 1950).

— Rechtsverordnung und Verwaltungsanweisung: Fschr. f. Rudolf *Smend,* Göttingen 1952, 211—241 (zit.: *Krüger*).

— Der Verwaltungsrechtsschutz im besonderen Gewaltverhältnis: NJW 1953, 1369—1373 (zit.: *Krüger:* NJW 1953).

Krüger, Hildegard: Der Gleichbehandlungsgrundsatz als Rechtsgrundlage öffentlich-rechtlicher Gruppenrechte: DVBl. 1955, 178—180, 208—213 (zit.: Hildegard *Krüger*).

Kübler, Friedrich: Studienkosten und elterliche Unterhaltspflicht: JZ 1966, 736—742.

Küchenhoff, Dietrich: Wirksamkeit und Wirkung von Versetzungsrichtlinien: RWS 1964, 203 f. (zit.: *Küchenhoff*).

Küchenhoff, Erich: Ausdrückliches, stillschweigendes und ungeschriebenes Recht in der bundesstaatlichen Kompetenzverteilung: AöR 1957, 413 bis 479 (zit.: Erich *Küchenhoff*).

Kummerow, Erich: Begabtenförderung in Preußen, Leipzig 1931.

Lentz, Hubert: Studienverhältnisse an den Pädagogischen Hochschulen der Bundesländer: RWS 1962, 118 f.

Lepsien, Wolfgang: Prinzipien der Leistungsverwaltung, Diss. iur. Mstr 1961.

Mallmann, Walter: Schranken nichthoheitlicher Gewalt: VVDStRL 19, 165 bis 207.

Mang, Johann: Verwaltungsrecht in Bayern, II. Bd, Mchn 1952.

Mang, Johann und Theodor *Maunz* und Franz *Mayer* und Klaus *Obermayer:* Staats- und Verwaltungsrecht in Bayern, 2. Aufl., Mchn 1964.

v. Mangoldt, Hermann und Friedrich *Klein:* Das Bonner Grundgesetz, Kommentar, 2. Aufl., Bln, Ffm, 1. Bd 1957, 2. Bd 1964.

Maunz, Theodor: Deutsches Staatsrecht, 14. Aufl., Mchn, Bln 1965.

Maunz, Theodor und Günter *Dürig:* Grundgesetz, Kommentar 1.—8. Lieferung, Mchn, Bln 1958—1966.

Mayer, Otto: Deutsches Verwaltungsrecht, II. Bd, 3. Aufl., Mchn, Leipzig 1924.

Menger, Christian Friedrich: Der Begriff des sozialen Rechtsstaates im Bonner Grundgesetz: Recht und Staat Nr. 173, Tübingen 1953 (zit.: *Menger*, Rechtsstaat).

— System des verwaltungsgerichtlichen Rechtsschutzes, Tübingen 1954 (zit.: *Menger*, System).

— Rechtssatz, Verwaltung und Verwaltungsgerichtsbarkeit: DöV 1955, 587 bis 592 (zit.: *Menger*).

— Der Schutz der Grundrechte in der Verwaltungsgerichtsbarkeit: Karl August *Bettermann* - Hans Carl *Nipperdey* - Ulrich *Scheuner*, Die Grundrechte, Bd III/2, Bln 1959, 717—778 (zit.: *Menger: Die Grundrechte III/2*).

— Die Bestimmung der öffentlichen Verwaltung nach den Zwecken, Mitteln und Formen des Verwaltungshandelns: DVBl. 1960, 297—303 (zit.: *Menger: DVBl. 1960*).

Menger, Christian-Friedrich und Hans-Uwe *Erichsen:* Höchstrichterliche Rechtsprechung zum Verwaltungsrecht: VwArch. 1967, 278—293.

Merk, Wilhelm: Deutsches Verwaltungsrecht, I. Bd, Bln 1962.

Mertens, Hans-Joachim: Die Selbstbindung der Verwaltung auf Grund des Gleichheitssatzes, Diss. iur. Kiel 1961.

Möller, Rolf: Die Studentenwerke und ihr Verband: DUZ 1961, H. 10, S. 3—6. (zit.: *Möller*).

— Zur Rechtsform der Studentenwerke: DUZ 1962, H. 3, S. 9—12 (zit.: *Möller: DUZ 1962*).

v. Münch, Ingo: Staatliche Hilfe und Subsidiaritätsprinzip: JZ 1960, 303—306.

Natan, Alex: Student und Ferienarbeit in England: DUZ 1961, H. 11, S. 48.

Nebinger, Robert: Verwaltungsrecht, Allgemeiner Teil, 2. Aufl., Stgt 1949.

v. Nell-Breuning, Oswald: Das Subsidiaritätsprinzip und die sozialen Vorstellungen der deutschen Studentenschaft, Vortrag v. 27. Nov. 1963 anläßlich der Universitätstage der Studentenschaft in Mstr v. 25.—29. Nov. 1963: Die unbewältigte Gegenwart, Mstr 1965, 43—63.

Neuhaus, Rolf: Dokumente zur Hochschulreform 1945—1959, Wiesbaden 1961.

Obermayer, Klaus: Verwaltungsakt und innerdienstlicher Rechtsakt, Stgt, Mchn, Han 1956 (zit.: *Obermayer*).

— Anm. zu einem Urteil des OVG Hmb: DöV 1959, 311 f. (zit.: *Obermayer: DöV 1959*).

Oehler, Christoph: Die Allgemeine Studienförderung und die Studentenwerke: DUZ 1961, H. 10, S. 7—11 (zit.: *Oehler: DUZ 1961*).

— Elternhaus und Studienfinanzierung, Vortrag v. 25. Nov. 1963 anläßlich der Universitätstage der Studentenschaft in Mstr v. 25.—29. Nov. 1963: Die unbewältigte Gegenwart, Mstr 1965, 30—42 (zit.: *Oehler, Vortrag*).

Peters, Hans: Lehrbuch der Verwaltung, Berlin, Göttingen, Heidelberg 1949 (zit.: *Peters, Lehrbuch*).

— Die Stellung des Bundes in der Kulturverwaltung nach dem Bonner Grundgesetz: Festgabe f. Erich *Kaufmann*, Stgt, Köln 1950, 281—298 (zit.: *Peters*).

— Verwaltung ohne gesetzliche Ermächtigung?: Fschr. f. Hans *Huber*, Bern 1961, 206—221 (zit.: *Peters:* Fschr. f. Hans *Huber*).

Pfuhl, Kurt: Die Forschungseinrichtungen der Bundesrepublik Deutschland: RWS 1962, 353—358.

Piekaar-Nittel: Hochschulbildung in den Niederlanden: RWS 1963, 340—345.

Raiser, Ludwig: Die Universität im Staat: Schriften des Hofgeismarer Kreises 1, Heidelberg 1958.

Ratuszniak: Neuordnung und Planung im Hochschulwesen Polens: RWS 1963, 311—314.

Reuss, W. und K. *Jantz:* Sozialstaatsprinzip und soziale Sicherheit: SchrHS 10, Stgt 1960.

Richter, Wolfgang: Deutsche Studenten-Krankenversorgung: DUZ 1961, H. 10, S. 26 f.

Riezler, Erwin: Zur Abgrenzung der Zuständigkeit zwischen Staat und Universität: DRZ 1947, 137—140.

Rill, Heinz Peter: Die Abgrenzung des öffentlichen vom privaten Recht: oeZöR 1961, 457—469.

Rumpf, Helmut: Verwaltung und Verwaltungsrechtsprechung: VVDStRL 14, 136—173.

v. Rundstedt, Marianne: Die Studienförderung in der Bundesrepublik Deutschland in den Jahren 1950 bis 1960. Hg. v. Deutschen Institut für internationale pädagogische Forschung, Abteilung Ökonomie, Ffm 1964.

Rupp, Hans Heinrich: Die Beseitigungs- und Unterlassungsklage gegen Träger hoheitlicher Gewalt: DVBl. 1958, 113—120 (zit.: *Rupp*).

— Verwaltungsrechtliche Überprüfung des Haushaltsgesetzes im Wege der „abstrakten Normenkontrolle"?: NJW 1966, 1097—1099 (zit.: *Rupp:* NJW 1966).

Schapals, Werner: Wesen und Rechtsnatur der Studentenschaft, Diss. iur. Göttingen 1962.

Scheidemann, Karl-Friedrich: Das Honnefer Modell: DRiZ 1961, 359—361.

Scheuner, Ulrich: Die staatliche Intervention im Bereich der Wirtschaft: VVDStRL 11, 1—74 (zit.: *Scheuner:* VVDStRL 11).

— Das Grundrecht der Berufsfreiheit: DVBl. 1958, 845—849 (zit.: *Scheuner*).

— Bildungsplanung und ihre Rechtsgrundlagen: DöV 1965, 541—546 (zit.: *Scheuner:* DöV 1965).

— Verfassungsrechtliche Probleme einer zentralen staatlichen Planung: Planung I, Recht und Politik der Planung in Wirtschaft und Gesellschaft.

Hg. v. Joseph H. *Kaiser*, Baden-Baden 1965, 67—89 (zit.: *Scheuner:* Planung).

Schick, Walter: Haushaltsplan und Haushaltsgesetz vor Gericht: JZ 1967, 271—277.

Schneider, Hans: Buchbesprechung: NJW 1954, 750 f.

Schunck, Egon: Ungeschriebenes Verfassungsrecht: Staats- und Kommunalverwaltung 1965, 5—7.

Sellmann: Anm. zu einem Urteil des OVG Mstr: DVBl. 1959, 290—292.

Siebert, Wolfgang: Zur neueren Rechtsprechung über die Abgrenzung von Zivilrechtsweg und Verwaltungsrechtsweg: DöV 1959, 733—737.

Sofsky, Günter: Anm. zu einem Urteil des OVG Bln: RWS 1963, 154 f. (zit.: *Sofsky*).

— Zur Rechtsstellung des Studenten an wissenschaftlichen Hochschulen: RWS 1964, 225—230 (zit.: *Sofsky:* RWS 1964).

Spanner, Hans: Empfiehlt es sich, den allgemeinen Teil des Verwaltungsrechts zu kodifizieren?: Gutachten für den 43. Deutschen Juristentag, I. Bd, Teil 2 A, Tübingen 1960.

Stern, Klaus: Rechtsfragen der öffentlichen Subventionierung Privater: JZ 1960, 518—525, 557—562.

Stier-Somlo, Fritz: Universitätsrecht, Selbstverwaltung und Lehrfreiheit: AöR 1928, 360—392.

v. Stralenheim, Henning: Bildungs- und Forschungsförderung als Aufgabe von Bund und Ländern: DöV 1965, 73—75.

Strohn, Fritz: Die Neuordnung der Kriegsopferfürsorge unter besonderer Berücksichtigung der Erziehungsbeihilfe: RWS 1962, 82—85.

Terrahe, Jürgen: Die Beleihung als Rechtsinstitut der Staatsorganisation, Diss. iur. Mstr 1961.

Thieme, Werner: Die verwaltungsgerichtliche Überprüfung von Entscheidungen in Schul-, Ausbildungs- und Prüfungssachen: NJW 1954, 742—744 (zit.: *Thieme:* NJW 1954).

— Deutsches Hochschulrecht, Bln, Köln 1956 (zit.: *Thieme*).

— Die besonderen Gewaltverhältnisse: DöV 1956, 521—529 (zit.: *Thieme:* DöV 1956).

— Das Recht auf freie Wahl der Ausbildungsstätte: JZ 1959, 265—270 (zit.: *Thieme:* JZ 1959).

— Die Rechtsstellung der Studenten unter dem Einfluß sozialstaatlicher Tendenzen: RWS 1961, 259—264 (zit.: *Thieme:* RWS 1961).

— Recht und Pflicht der wissenschaftlichen Hochschule zur sozialen Fürsorge für ihre Studenten. Hg. v. Deutschen Studentenwerk und der Deutschen Studenten-Krankenversorgung, Bln 1963 (zit.: *Thieme*, Recht und Pflicht).

Tietmeyer, Hans: Die soziale Lage der Studierenden an den Ingenieurschulen in der Bundesrepublik und in Berlin-West und die Förderungsmaßnahmen der öffentlichen Hand, Diss. wiso. Köln 1960.

Tupetz, Theo: Honnefer Modell und Verwaltungsrecht: RWS 1962, 40—43 (zit.: *Tupetz*).

— Am Scheideweg zwischen Selbstverwaltung und Staatsverwaltung: DUZ 1962, H. 1, S. 8—15 (zit.: *Tupetz:* DUZ 1962, H. 1).

— Ein neues Studentenrecht?: DUZ 1962, H. 7, S. 9—17 (zit.: *Tupetz:* DUZ 1962, H. 7).

— Brauchen wir ein Ausbildungsförderungsgesetz?: Hochschuldienst 1962 Nr. 11, XV: DUZ 1962, H. 7, S. 36 (zit.: *Tupetz:* Hochschuldienst, DUZ 1962).

— Ausbildungsförderung in der Bundesrepublik: DUZ 1966, H. 10/11, S. 24 bis 35 (zit.: *Tupetz:* DUZ 1966).

v. Turegg, Kurt Egon und Erwin *Kraus:* Lehrbuch des Verwaltungsrechts, 4. Aufl., Bln 1962.

Uhlig, Sigmar: Zur Struktur der Universität: RWS 1964, 230—237.

Ule, Carl-Hermann: Anm. zu einem Urteil des BVwG: DVBl. 1955, 771—773 zit.: *Ule:* DVBl. 1955).

— Das besondere Gewaltverhältnis: VVDStRL 15, 133—185 (zit.: *Ule:* VVDStRL 15).

— Verwaltungsgerichtsbarkeit, 2. Aufl.: M. *v. Brauchitsch,* Verwaltungsgesetze des Bundes und der Länder, 1. Bd, 2. Halbband, Köln, Bln, Mchn, Bonn 1962 (zit.: *Ule,* Verwaltungsgerichtsbarkeit).

— Verwaltungsprozeßrecht, 3. Aufl., Mchn, Bln 1963 (zit.: *Ule*).

Vialon, Friedrich Karl: Haushaltsrecht, Kommentar zur RHO, 2. Aufl., Bln, Ffm 1959.

Volkmann, Helmut: Die Deutsche Studentenschaft in ihrer Entwicklung seit 1919, Leipzig 1925.

Weber, Werner: Freie Berufswahl und freie Wahl der Ausbildungsstätte: RWS 1964, 33—41 (zit.: *Weber*).

— Staatsrechtslehrertagung in Graz: JuS 1966, 498 f. (zit.: *Weber:* JuS 1966).

— Staatsrechtslehrertagung in Graz: NJW 1966, 2348 f. (zit.: *Weber:* NJW 1966).

Weisel, Horst: Der Sozialstaatsgrundsatz des Bonner Grundgesetzes, Diss. iur. Marburg 1960.

Wende, Erich: Grundlagen des preußischen Hochschulrechts, 1930 (zit.: *Wende*).

— Kulturpolitik in der Bundesrepublik: RWS 1962, 97—101 (zit.: *Wende:* RWS 1962).

Wenke, Hans: Die deutsche Hochschule vor den Ansprüchen unserer Zeit: Schriften des Hochschulverbandes, H. 7, Göttingen 1955.

Werner, Fritz: Zur Lage des Schulverwaltungsrechts: DöV 1958, 433—437.

Wolff, Hans J.: Der Abwendungsanspruch aus öffentlichen Reflexrechten inbes. im Fürsorgerecht: Fschr. zur Feier des 25jährigen Bestehens der Westfälischen Verwaltungsakademie in Mstr und der Verwaltungs- und Wirtschaftsakademie Industriebezirk, Bln 1950, 119—136 (zit.: *Wolff,* Abwendungsanspruch).

— Der Unterschied zwischen öffentlichem und privatem Recht: AöR 1950/51, 205—217 (zit.: *Wolff:* AöR 1950/51).

— Rechtsgrundsätze und verfassunggestaltende Grundentscheidungen als Rechtsquellen?: Gdschr. f. Walter *Jellinek*, Mchn 1955, 33—52 (zit.: *Wolff: Gdschr. f. Jellinek*).

— Die Rechtsgestalt der Universität: H. 52 der Arbeitsgemeinschaft für Forschung des Landes Nordrhein-Westfalen, Köln, Opladen 1956 (zit.: *Wolff, Rechtsgestalt*).

— Verwaltungsrecht I, 6. Aufl., Mchn, Bln 1965 (zit.: *Wolff I*).

— Verwaltungsrecht II, 2. Aufl., Mchn, Bln 1967 (zit.: *Wolff II*).

— Verwaltungsrecht III, 2. Aufl., Mchn, Bln 1967 (zit.: *Wolff III*).

Zadler, Karl: Schranken nichthoheitlicher Verwaltung: VVDStRL 19, 209 bis 241.

MIX
Papier aus verantwortungsvollen Quellen
Paper from responsible sources
FSC® C105338

Printed by Libri Plureos GmbH
in Hamburg, Germany